心一堂術數古籍珍本叢刊

書名：掌中寶鐵板神數（附鑰匙密碼表）
系列：心一堂術數古籍珍本叢刊 星命類 神數系列 第三輯 294
作者：舊題【宋】邵雍
主編、責任編輯：陳劍聰
心一堂術數古籍珍本叢刊編校小組：陳劍聰 素聞 鄒偉才 虛白盧主 丁鑫華

出版：心一堂有限公司
通訊地址：香港九龍旺角彌敦道六一〇號荷李活商業中心十八樓〇五—〇六室
深港讀者服務中心：中國深圳市羅湖區立新路六號羅湖商業大廈負一層〇〇八室
電話號碼：(852)9027-7110
網址：publish.sunyata.cc
電郵：sunyatabook@gmail.com
網店：http://book.sunyata.cc
淘寶店地址：https://sunyata.taobao.com
微店地址：https://weidian.com/s/1212826297
臉書：https://www.facebook.com/sunyatabook
讀者論壇：http://bbs.sunyata.cc/

版次：二零二一年五月初版
平裝

定價：港幣 二百九十八元正
新台幣 一仟三百八十元正

國際書號：ISBN 978-988-8583-86-7

香港發行：香港聯合書刊物流有限公司
地址：香港新界荃灣德士古道二二〇—二四八號荃灣工業中心十六樓
電話號碼：(852)2150-2100
傳真號碼：(852)2407-3062
電郵：info@suplogistics.com.hk
網址：http://www.suplogistics.com.hk

台灣發行：秀威資訊科技股份有限公司
地址：台灣台北市內湖區瑞光路七十六巷六十五號一樓
電話號碼：+886-2-2796-3638
傳真號碼：+886-2-2796-1377
網絡書店：www.bodbooks.com.tw
台灣秀威書店讀者服務中心：
地址：台灣台北市中山區松江路二〇九號一樓
電話號碼：+886-2-2518-0207
傳真號碼：+886-2-2518-0778
網絡書店：http://www.govbooks.com.tw

中國大陸發行 零售：深圳心一堂文化傳播有限公司
深圳地址：深圳市羅湖區立新路六號羅湖商業大廈負一層〇〇八室
電話號碼：(86)0755-82224934

心一堂微店二維碼

心一堂淘寶店二維碼

心一堂術數古籍　珍本
整理　叢刊　總序

術數定義

術數，大概可謂以「推算（推演）、預測人（個人、群體、國家等）、事、物、自然現象、時間、空間方位等規律及氣數，並或通過種種『方術』，從而達致趨吉避凶或某種特定目的」之知識體系和方法。

術數類別

我國術數的內容類別，歷代不盡相同，例如《漢書・藝文志》中載，漢代術數有六類：天文、曆譜、五行、蓍龜、雜占、形法。至清代《四庫全書》，術數類則有：數學、占候、相宅相墓、占卜、命書、相書、陰陽五行、雜技術等，其他如《後漢書・方術部》、《藝文類聚・方術部》、《太平御覽・方術部》等，對於術數的分類，皆有差異。古代多把天文、曆譜、及部分數學均歸入術數類，而民間流行亦視傳統醫學作為術數的一環；此外，有些術數與宗教中的方術亦往往難以分開。現代民間則常將各種術數歸納為五大類別：命、卜、相、醫、山，通稱「五術」。

本叢刊在《四庫全書》的分類基礎上，將術數分為九大類別：占筮、星命、相術、堪輿、選擇、三式、讖諱、理數（陰陽五行）、雜術（其他）。而未收天文、曆譜、算術、宗教方術、醫學。

術數思想與發展——從術到學，乃至合道

我國術數是由上古的占星、卜筮、形法等術發展下來的。其中卜筮之術，是歷經夏商周三代而通過「龜卜、蓍筮」得出卜（筮）辭的一種預測（吉凶成敗）術，之後歸納並結集成書，此即現傳之《易

經》。經過春秋戰國至秦漢之際，受到當時諸子百家的影響、儒家的推崇，遂有《易傳》等的出現，原本是卜筮術書的《易經》，被提升及解讀成有包涵「天地之道（理）」之學。因此，《易・繫辭傳》曰：「易與天地準，故能彌綸天地之道。」

漢代以後，易學中的陰陽學說，與五行、九宮、干支、氣運、災變、律曆、卦氣、讖緯、天人感應說等相結合，形成易學中象數系統。而其他原與《易經》本來沒有關係的術數，如占星、形法、選擇，亦漸漸以易理（象數學說）為依歸。《四庫全書・易類小序》云：「術數之興，多在秦漢以後。要其旨，不出乎陰陽五行，生尅制化。實皆《易》之支派，傅以雜說耳。」至此，術數可謂已由「術」發展成「學」。

及至宋代，術數理論與理學中的河圖洛書、太極圖、邵雍先天之學及皇極經世等學說給合，通過術數以演繹理學中「天地中有一太極，萬物中各有一太極」（《朱子語類》）的思想。術數理論不單已發展至十分成熟，而且也從其學理中衍生一些新的方法或理論，如《梅花易數》、《河洛理數》等。

在傳統上，術數功能往往不止於僅僅作為趨吉避凶的方術，及「能彌綸天地之道」的學問，亦有其「修心養性」的功能，「與道合一」（修道）的內涵。《素問・上古天真論》：「上古之人，其知道者，法於陰陽，和於術數。」數之意義，不單是外在的算數、歷數、氣數，而是與理學中同等的「道」、「理」--心性的功能，北宋理氣家邵雍對此多有發揮：「聖人之心，是亦數也」、「萬化萬事生乎心」、「心為太極」。《觀物外篇》：「先天之學，心法也。……蓋天地萬物之理，盡在其中矣，心一而不分，則能應萬物。」反過來說，宋代的術數理論，受到當時理學、佛道及宋易影響，認為心性本質上是等同天地之太極。天地萬物氣數規律，能通過內觀自心而有所感知，即是內心也已具備有術數的推演及預測、感知能力；相傳是邵雍所創之《梅花易數》，便是在這樣的背景下誕生。

《易・文言傳》已有「積善之家，必有餘慶；積不善之家，必有餘殃」之說，至漢代流行的災變說及讖緯說，我國數千年來都認為天災，異常天象（自然現象），皆與一國或一地的施政者失德有關；下至家族、個人之盛衰，也都與一族一人之德行修養有關。因此，我國術數中除了吉凶盛衰理數之外，人心的德行修養，也是趨吉避凶的一個關鍵因素。

術數與宗教、修道

在這種思想之下，我國術數不單只是附屬於巫術或宗教行為的方術，又往往是一種宗教的修煉手段——通過術數，以知陰陽，乃至合陰陽（道）。「其知道者，法於陰陽，和於術數。」例如，「奇門遁甲」術中，即分為「術奇門」與「法奇門」兩大類。「法奇門」中有大量道教中符籙、手印、存想、內煉的內容，是道教內丹外法的一種重要外法修煉體系。甚至在雷法一系的修煉上，亦大量應用了術數內容。此外，相術、堪輿術中也有修煉望氣（氣的形狀、顏色）的方法；堪輿家除了選擇陰陽宅之吉凶外，也有道教中選擇適合修道環境（法、財、侶、地中的地）的方法，以至通過堪輿術觀察天地山川陰陽之氣，亦成為領悟陰陽金丹大道的一途。

易學體系以外的術數與的少數民族的術數

我國術數中，也有不用或不全用易理作為其理論依據的，如揚雄的《太玄》、司馬光的《潛虛》。也有一些占卜法、雜術不屬於《易經》系統，不過對後世影響較少而已。

外來宗教及少數民族中也有不少雖受漢文化影響（如陰陽、五行、二十八宿等學說。）但仍自成系統的術數，如古代的西夏、突厥、吐魯番等占卜及星占術，藏族中有多種藏傳佛教占卜術、苯教占卜術、擇吉術、推命術、相術等；北方少數民族有薩滿教占卜術；不少少數民族如水族、白族、布朗族、佤族、彝族、苗族等，皆有占雞（卦）草卜、雞蛋卜等術，納西族的占星術、占卜術，彝族畢摩的推命術、占卜術……等等，都是屬於《易經》體系以外的術數。相對上，外國傳入的術數以及其理論，對我國術數影響更大。

曆法、推步術與外來術數的影響

我國的術數與曆法的關係非常緊密。早期的術數中，很多是利用星宿或星宿組合的位置（如某星在某州或某宮某度）付予某種吉凶意義，并據之以推演，例如歲星（木星）、月將（某月太陽所躔之宮次）等。不過，由於不同的古代曆法推步的誤差及歲差的問題，若干年後，其術數所用之星辰的位置，已與真實星辰的位置不一樣了；此如歲星（木星），早期的曆法及術數以十二年為一周期（以應地支），與木星真實周期十一點八六年，每幾十年便錯一宮。後來術家又設一「太歲」的假想星體來解決，是歲星運行的相反，週期亦剛好是十二年。而術數中的神煞，很多即是根據太歲的位置而定。又如六壬術中的「月將」，原是立春節氣後太陽躔娵訾之次而稱作「登明亥將」，至宋代，因歲差的關係，要到雨水節氣後太陽才躔娵訾之次，當時沈括提出了修正，但明清時六壬術中「月將」仍然沿用宋代沈括修正的起法沒有再修正。

由於以真實星象周期的推步術是非常繁複，而且古代星象推步術本身亦有不少誤差，大多數術數除依曆書保留了太陽（節氣）、太陰（月相）的簡單宮次計算外，漸漸形成根據干支、日月等的各自起例，以起出其他具有不同含義的眾多假想星象及神煞系統。唐宋以後，我國絕大部分術數都主要沿用這一系統，也出現了不少完全脫離真實星象的術數，如《子平術》、《紫微斗數》、《鐵版神數》等。後來就連一些利用真實星辰位置的術數，如《七政四餘術》及選擇法中的《天星選擇》，也已與假想星象及神煞混合而使用了。

隨着古代外國曆（推步）、術數的傳入，如唐代傳入的印度曆法及術數，元代傳入的回回曆等，其中我國占星術便吸收了印度占星術中羅睺星、計都星等而形成四餘星，又通過阿拉伯占星術而吸收了其中來自希臘、巴比倫占星術的黃道十二宮、四大（四元素）學說（地、水、火、風），並與我國傳統的二十八宿、五行說、神煞系統並存而形成《七政四餘術》。此外，一些術數中的北斗星名，不用我國傳統的星名：天樞、天璇、天璣、天權、玉衡、開陽、搖光，而是使用來自印度梵文所譯的：貪狼、巨門、祿存、文曲，廉貞、武曲、破軍等，此明顯是受到唐代從印度傳入的曆法及占星術所影響。如星命術中的《紫微斗數》及堪輿術中的《撼龍經》等文獻中，其星皆用印度譯名。及至清初《時憲曆》，置閏之法則改用西法「定氣」。清代以後的術數，又作過不少的調整。

此外，我國相術中的面相術、手相術，唐宋之際受印度相術影響頗大，至民國初年，又通過翻譯歐西、日本的相術書籍而大量吸收歐西相術的內容，形成了現代我國坊間流行的新式相術。

陰陽學——術數在古代、官方管理及外國的影響

術數在古代社會中一直扮演着一個非常重要的角色，影響層面不單只是某一階層、某一職業、某一年齡的人，而是上自帝王，下至普通百姓，從出生到死亡，不論是生活上的小事如洗髮、出行等，大事如建房、入伙、出兵等，從個人、家族以至國家，從天文、氣象、地理到人事、軍事，從民俗、學術到宗教，都離不開術數的應用。我國最晚在唐代開始，已把以上術數之學，稱作陰陽（學），行術數者稱陰陽人。（敦煌文書、斯四三二七唐《師師漫語話》：「以下說陰陽人謾語話」，此說法後來傳入日本，今日本人稱行術數者為「陰陽師」）。一直到了清末，欽天監中負責陰陽術數的官員中，以及民間術數之士，仍名陰陽生。

古代政府的中欽天監（司天監），除了負責天文、曆法、輿地之外，亦精通其他如星占、選擇、堪輿等術數，除在皇室人員及朝庭中應用外，也定期頒行日書、修定術數，使民間對於天文、日曆用事吉凶及使用其他術數時，有所依從。

我國古代政府對官方及民間陰陽學及陰陽官員，從其內容、人員的選拔、培訓、認證、考核、律法監管等，都有制度。至明清兩代，其制度更為完善、嚴格。

宋代官學之中，課程中已有陰陽學及其考試的內容。（宋徽宗崇寧三年〔一一零四年〕崇寧算學令：「諸學生習……並曆算、三式、天文書。」「諸試……三式即射覆及預占三日陰陽風雨。天文即預

定一月或一季分野災祥，並以依經備草合問為通。」

金代司天臺，從民間「草澤人」（即民間習術數人士）考試選拔：「其試之制，以《宣明曆》試推步，及《婚書》、《地理新書》試合婚、安葬，並《易》筮法，六壬課、三命、五星之術。」（《金史》卷五十一．志第三十二．選舉一）

元代為進一步加強官方陰陽學對民間的影響、管理、控制及培育，除沿襲宋代、金代在司天監掌管陰陽學及中央的官學陰陽學課程之外，更在地方上增設陰陽學課程（《元史．選舉志一》：「世祖至元二十八年夏六月始置諸路陰陽學。」）地方上也設陰陽學教授員，培育及管轄地方陰陽人。（《元史．選舉志一》：「（元仁宗）延祐初，令陰陽人依儒醫例，於路、府、州設教授員，凡陰陽人皆管轄之，而上屬於太史焉。」）自此，民間的陰陽術士（陰陽人），被納入官方的管轄之下。

至明清兩代，陰陽學制度更為完善。中央欽天監掌管陰陽學，明代地方縣設陰陽學正術，各州設陰陽學典術，各縣設陰陽學訓術。陰陽人從地方陰陽學肆業或被選拔出來後，再送到欽天監考試。（《大明會典》卷二二三：「凡天下府州縣舉到陰陽人堪任正術等官者，俱從吏部送（欽天監），考中，送回選用；不中者發回原籍為民，原保官吏治罪。」）清代大致沿用明制，凡陰陽術數之流，悉歸中央欽天監及地方陰陽官員管理、培訓、認證。至今尚有「紹興府陰陽印」、「東光縣陰陽學記」等明代銅印，及某某縣某某之清代陰陽執照等傳世。

清代欽天監漏刻科對官員要求甚為嚴格。《大清會典》「國子監」規定：「凡算學之教，設肄業生。滿洲十有二人，蒙古、漢軍各六人，於各旗官學內考取。漢十有二人，於舉人、貢監生童內考取。附學生二十四人，由欽天監選送。教以天文演算法諸書，五年學業有成，舉人引見以欽天監博士用，貢監生童以天文生補用。」學生在官學肄業、貢監生肄業或考得舉人後，經過了五年對天文、算法、陰陽學的學習，其中精通陰陽術數者，會送往漏刻科。而在欽天監供職的官員，《大清會典則例》「欽天監」規定：「本監官生三年考核一次，術業精通者，保題升用。不及者，停其升轉，再加學習。如能黽勉供職，即予開復。仍不及者，降職一等，再令學習三年，能習熟者，准予開復，仍不能者，黜退。」除定期考核以定其升用降職外，《大清律例》中對陰陽術士不準確的推斷（妄言禍福）是要治罪的。《大清律例・一七八・術七・妄言禍福》：「凡陰陽術士，不許於大小文武官員之家妄言禍福，違者杖一百。其依經推算星命卜課，不在禁限。」大小文武官員延請的陰陽術士，自然是以欽天監漏刻科官員或地方陰陽官員為主。

官方陰陽學制度也影響鄰國如朝鮮、日本、越南等地，一直到了民國時期，鄰國仍然沿用着我國的多種術數。而我國的漢族術數，在古代甚至影響遍及西夏、突厥、吐蕃、阿拉伯、印度、東南亞諸國。

術數研究

術數在我國古代社會雖然影響深遠，「是傳統中國理念中的一門科學，從傳統的陰陽、五行、九宮、八卦、河圖、洛書等觀念作大自然的研究。……傳統中國的天文學、數學、煉丹術等，要到上世紀中葉始受世界學者肯定。可是，術數還未受到應得的注意。術數在傳統中國科技史、思想史，文化史、社會史，甚至軍事史都有一定的影響。……更進一步了解術數，我們將更能了解中國歷史的全貌。」（何丙郁《術數、天文與醫學中國科技史的新視野》，香港城市大學中國文化中心。）

可是術數至今一直不受正統學界所重視，加上術家藏秘自珍，又揚言天機不可洩漏，「（術數）乃吾國科學與哲學融貫而成一種學說，數千年來傳衍嬗變，或隱或現，全賴一二有心人為之繼續維繫，賴以不絕，其中確有學術上研究之價值，非徒癡人說夢，荒誕不經之謂也。其所以至今不能在科學中成立一種地位者，實有數因。蓋古代士大夫階級目醫卜星相為九流之學，多恥道之；而發明諸大師又故為惝恍迷離之辭，以待後人探索；間有一二賢者有所發明，亦秘莫如深，既恐洩天地之秘，復恐譏為旁門左道，始終不肯公開研究，成立一有系統說明之書籍，貽之後世。故居今日而欲研究此種學術，實一極困難之事。」（民國徐樂吾《子平真詮評註》，方重審序）

現存的術數古籍，除極少數是唐、宋、元的版本外，絕大多數是明、清兩代的版本。其內容也主要是明、清兩代流行的術數，唐宋或以前的術數及其書籍，大部分均已失傳，只能從史料記載、出土文獻、敦煌遺書中稍窺一鱗半爪。

術數版本

坊間術數古籍版本，大多是晚清書坊之翻刻本及民國書賈之重排本，其中豕亥魚魯，或任意增刪，往往文意全非，以至不能卒讀。現今不論是術數愛好者，還是民俗、史學、社會、文化、版本等學術研究者，要想得一常見術數書籍的善本、原版，已經非常困難，更遑論如稿本、鈔本、孤本等珍稀版本。在文獻不足及缺乏善本的情況下，要想對術數的源流、理法、及其影響，作全面深入的研究，幾不可能。

有見及此，本叢刊編校小組經多年努力及多方協助，在海內外搜羅了二十世紀六十年代以前漢文為主的術數類善本、珍本、鈔本、孤本、稿本、批校本等數百種，精選出其中最佳版本，分別輯入兩個系列：

一、心一堂術數古籍珍本叢刊

二、心一堂術數古籍整理叢刊

前者以最新數碼（數位）技術清理、修復珍本原本的版面，更正明顯的錯訛，部分善本更以原色彩色精印，務求更勝原本。并以每百多種珍本、一百二十冊為一輯，分輯出版，以饗讀者。後者延請、稿約有關專家、學者，以善本、珍本等作底本，參以其他版本，古籍進行審定、校勘、注釋，務求打造一最善版本，方便現代人閱讀、理解、研究等之用。

限於編校小組的水平，版本選擇及考證、文字修正、提要內容等方面，恐有疏漏及舛誤之處，懇請方家不吝指正。

心一堂術數古籍 珍本 整理 叢刊編校小組

二零零九年七月序

二零一四年九月第三次修訂

錦井 毛牛 氐氐

前併 斗牛 氐角

半生占 方牛 氐角

前併 方其 方元

午 毛牛 方毛

元大 其口 方[illegible]

小陰出 元牛 角心

陰 元牛 角其

金門 毛牛 角方

、 斗牛 氐元

門斗 心口 元角

、 方牛 方心

陽斗 其口 元氐

、、 元牛 元元

姑六 毛其 元心

千囊 元毛 元毛

流大 方午 元其

夘月
庚合旺
心巳

方壬殺
毛牛吐

癸庚朗
毛牛旺

癸丙
其其灶

辛癸
毛合杜

辛乙明
其毛壯

壬戊
角牛灶

壬[illegible]合
牛牛長土

壬斗
牛其旺

方乙鈅
毛[illegible]杜

庚乙鈅
其日灶

辛庚
牛牛長土

辛毛
牛合巳土

癸合
毛牛杜

雲惱 毛毛 元斗
雲右 方牛 方牛

本丙 〇其 氐其

甲土 元牛 方其
抉 角牛 角心

馱日 斗牛 方角
捐 方牛 元手
扞 元牛 方角
抜 毛牛 氐〇
扒 其〇 角斗
批 斗〇 角氐

世 元牛元方	岳鳴 口毛元心	閃火餅 毛牛方元	蘇臨庭 斗牛方口	景井 毛其角心	戈斗 斗牛角口
宮 元牛角元	里戲 毛牛氐元	文化 斗其心氐	巠行 方牛元毛	圭吉 方牛元口	[illegible] 元[illegible]元心
且火 元牛方元	戕忠 方牛角元	閉獄 口牛角角	卧天燒 毛牛角口	斗吐陽 毛牛方角	弗陽 方斗方口
流太 方牛元氐	戕己 斗斗元口	威 角口方角	币 氐口方[illegible]	奎主 方其角斗	素火 氐斗角斗
生吉 斗牛角牛	井獄 口斗角牛	窮井 元牛元氐	熱 元牛元角	奎陰 口牛元元	藏井 斗牛氐方
耿画 口牛氐角	川 毛牛心元	井 毛牛心口	亢大 斗牛氐氐	陽井 毛斗氐方	藏井 元牛氐角

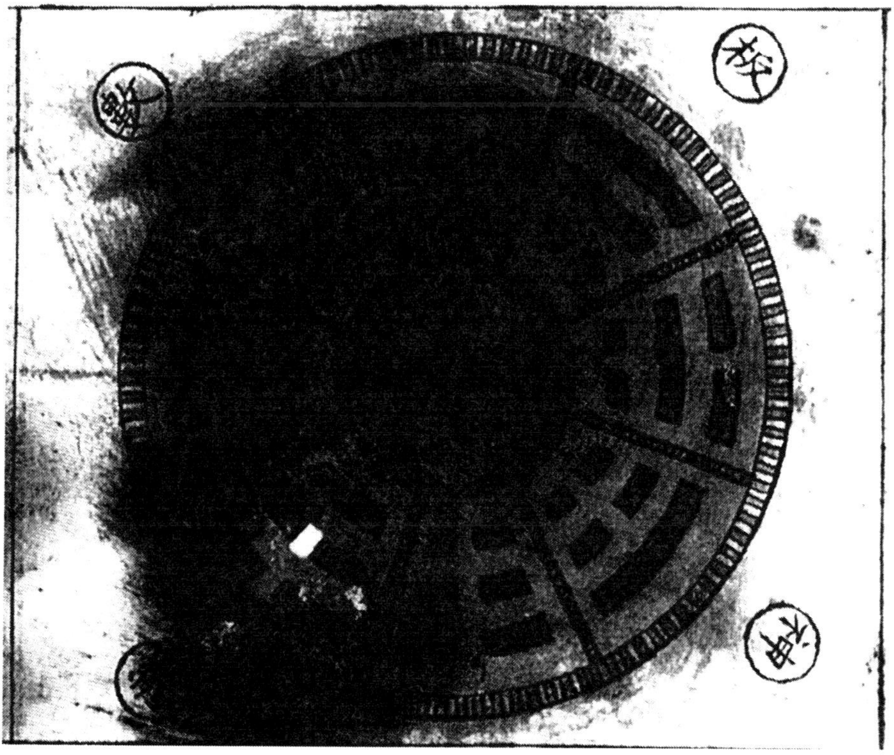

黑六甲定局

寅 壬牛 辛氐

卯 戊斗 辛斗

辰 癸合 壬其

巳 戊其 壬牛

午 庚毛 癸其

未 辛牛 癸方

申 丁合 癸氐

酉 壬牛 庚方

戌 斗牛 庚氐

亥 戊牛 庚牛

子 戊牛 辛毛

丑 庚牛 壬牛

斗

氏方 元牛 砸	氏牛 角虛 害	氏其 方氏 魋	氏元 方牛 薰刮	氏其 元毛 驱	氏毛 元毛 魌
氏毛 元斗 助頮	氏虛 元方 鰫	氏其 方其 蛋	氏氏 方毛 故	氏牛 元斗 校	氏牛 元心 䠀尖
氏虛 氏元 中卄	氏虛 元斗 擂	氏斗 方心 入童	氏方 方氏 頵	氏毛 氏虛 柤	氏氏 氏心 軸
氏方 氏虛 澌	氏元 元虛 衄	氏角 角毛 彬	氏方 方毛 料歔	氏其 氏其 开	氏心 氏元 少
氏方 氏方 疾	氏元 元斗 神	氏心 角虛 藁彬	氏毛 方虛 皚	氏牛 氏其 林	氏心 元心 微
氏毛 氏氏 巴糕	氏方 元虛 兆	氏毛 角虛 瑚	氏毛 方牛 膠	氏元 方虛 鉅失	心毛 元氏 巡

流氣

			心毛 井 角牛	氐斗 柵 斗[illegible]牛	方方 的 方心 馬
			氐方 十 氐牛	氐元 十 其牛	方毛 十 心牛
			方方 空 氐英	心O 木 方斗	元毛 全 毛心
			氐元 十 毛心	方斗 此 心牛 拔	元方 十 方心
			角方 全牛	氐元 十 斗其	心角 對十 方座 十
				心O 氐斗	心元 對十 氐牛 丁

[illegible]加盤度	心斗 角角	虛其 角氏	虛毛 氏心	甲 方毛 氏毛	[illegible]加盤度
	氏方 角角	毛氏 角元	牛角 角氏	角方 氏毛	
	虛 角角	方毛 角元	其元 角氏	牛斗 氏心	
	虛毛 角角	角牛 角元	心牛 角氏	斗其 氏心	
		牛方 角角	子 方氏 角氏	毛毛 氏心	
		斗毛 角角	角其 角氏	元心 氏心	

虛毛方元	靈加盤度	牛氐方元	元方方方	牛角方方	牛方角虛
斗方方角		斗其方元	虛角方方 卯	其方方方	其斗角虛
毛毛方元 丙		方毛方元	其心方氐	毛角方方 壬	心其角虛
毛毛方角		氐虛方元	毛毛方氐 巳	心心方方	氐牛角虛
方毛方角 戌			方毛方氐	方毛方方 丑	角其角虛
元毛方角			元毛方氐 未	氐元方方 子	虛毛角虛 己

其心方其	方毛心元	靈掌加盤度	其手心氏 申	斗其氏元 寅	虛氏方角
心方方其	角其心元		角牛心氏	方其氏元	牛斗氏氏
角牛方其 壬	牛其心角 丙		其手心元 戊	角手氏角 辰	其手氏氏 壬
其手方毛	其其心角		心手心元	其氏方牛	氏方氏氏
氏其心角 子	心角 丙			虛角心方 午	角心氏氏 子
元方心角	角心方手			角其心方	牛其氏元

先適微 角其 元元	青氣度過宮	牛心 明同聯破 元元	霄劍度宮	巾 毛角 心氏	虛方 心角
箢 斗毛 元角		斗角 冑龔 元元		方角 心氏	斗方 心虛
檜 心方 元角		斗斗 冑奐 元元		戌 角元 心氏	毛斗 心虛

諸 角元 元角	飛 其心 元元	角氏 冑胴破 元氏	毛毛 明同聯[illegible] 元方	虛其 心元	方心 心虛
諸 牛方 元虛	隋 心牛 元元	明同太伏 斗共 氏牛	方牛 明月先鉢 氏斗		元毛 心虛
夕陽 其心 元虛	旹魁 氏心 元元		虛角 氏斗		斗毛 心氏

霹枝刻度	角元 元斗	戌 角元 角斗	辰 氐元 角牛	支配紋分度	烟 氐元 元虛
	蓮磺 牛氐 元其	亥 牛元 角其	巳 角元 角牛		昏 心角 元虛
	蓮蝠 其角 元其		午 牛元 角斗		脊 角角 元虛

夘 其虛 元其			未 其角 角斗	魁 牛角 角牛	
辰 氐氐 元其		酆破 其氐 角其	申 毛牛 角斗	丑 其其 角牛	
巳 角元 元其		技拆 毛毛 角其	酉 氐元 角斗	夘 心角 角牛	

抹 角元 角心	振 心元 角毛	臻卦分度	百言 氐角 元氐	丑 氐角 元方	午 虛牛 元其
申 牛角 角方	巳 氐角 角毛			亥辰 元虛 元方	未 其元 元毛
抻 其角 角方	把 元角 角毛			子 其元 元方	申 角角 元毛

酉 心角 角方	午 其氐 角心	卯 心虛 角其		亥巳 牛牛 元氐	酉 牛斗 元心
揹 氐角 元角	折 心角 角心	揶 牛元 角毛		亥午 其方 元氐	戌 方其 元心
戌 牛斗 元元	未 氐角 角心	辰 其牛 角毛		百言 心元 元氐	亥 角斗 元心

地盤技分度	亥 其角 氐斗	巳 斗角 氐牛	天盤技分度		找 虛心 元氐
		午 毛心 氐牛			亥 牛角 方虛
		未 心元 氐牛			掖 其元 方虛
寅 心角 氐斗		申 氐角 氐牛	寅 心元 方虛		[illegible] 其方 方虛
卯 角元 心方		酉 角角 氐牛	卯 氐元 方虛		[illegible] 斗牛 角毛
辰 牛角 心氐		戌 牛角 氐斗	辰 角元 方虛		[illegible] 元毛 方牛

乾坤技卦分度	亥 角牛 心虛	巳 方方 心角	蹇分度宮	亥 心其 心元	巳 其其 心氐
	子 牛氐 方牛	午 角牛 心角			午 心角 心氐
	丑 斗虛 方牛	未 牛午 心虛			未 氐角 心氐
寅 氐角 方牛		申 其牛 心虛	寅 氐元 心元		申 元毛 心氐
卯 角元 方牛		酉 心心 心虛	卯 斗方 心角		酉 牛牛 心元
辰 牛元 方斗		戌 氐牛 心虛	辰 毛方 心角		戌 其角 心元

羅補宮度	子寅 牛心 心角	午寅 心元 方心	更色巨分度	亥 氐角 方毛	巳 其元 元斗
	丑寅 其角 心角	未寅 氐角 方心			午 心元 方斗
		申寅 角角 方心			未 牛角 方其

辰卯 心角 心角		酉寅 虛其 心氐	卯寅 角角 方毛		申 氐角 方其
巳卯 氐牛 心角		戌寅 斗心 心元	辰寅 牛角 方心		酉 牛斗 方毛
午卯 元虛 心方		亥寅 角牛 心元	巳寅 其其 方心		戌 心角 方毛

陽分度	戌巳方毛角角	禡巳卦度	酉長心元氐角	匙關劉度	未夘角牛氐斗
	亥巳元其角角		戌長毛氐角氐		申夘其斗氐方
未酉午心角角虛		告巳元毛角氐	亥長方午角氐	巳長氐元氐元	酉夘方元氐方
申午元牛角虛		未巳其虛角元		午長角角氐元	戌夘角元氐方
酉午角氐角虛		申巳其元角角		未長牛元氐角	亥夘心角氐元
戌午虛角角虛		酉巳心元角角		申長其元氐角	

亥午斗牛氐其 子午斗虛方角	侯卦分度	圭卦分度	戌卦分度	亥戌角元方方 子亥牛角方氐	兑技過星度
	申未氐元氐其	酉申心元氐毛	戌酉其角氐心		
	酉未角元氐其	戌申氐牛氐毛	亥酉氐角氐心		嚮卦心元方氐
	戌未牛角氐毛	亥申元元氐毛	子酉牛斗方方		虎由角牛方氐
	亥未斗虛方角	子申心角氐心	丑酉斗心方方		卯寅心牛方元

抽聂虛其氏元	酉辰元角氏氏	技郎氏斗氏方	申夘心角元牛	戊寅斗斗氏虛	辰寅方虛方元
撕杆斗元氏角	巳虛虛氏氏	技蚰元元氏方	酉夘氏心元牛	亥寅其虛氏虛	巳寅角元方元
虢拺毛角氏角	午斗氏氏元	未辰虛元氏方	戊夘牛角元斗	辰夘方毛氏虛	午寅牛角方角
技谿方元氏角	未毛其氏元	申辰斗元氏氏	亥夘氏元元斗	巳夘角斗氏虛	未寅心氏方角
	申方氏氏元	酉辰毛心氏氏	午辰斗氏氏方	午夘牛元元牛	申寅氏氏方角
	蹝丙弓元角氏元	午巳方元氏氏	巳辰毛元氏方	未夘其元元牛	酉寅角氏方角

酉 盧氏 方方	卯 方元 元斗	巳 毛角 元牛	坎局移定度	午寅 毛氏 氏虛	乾先天宮度
戌 斗角 方氏	辰 元角 元斗	午 方元 元牛		未寅 方氏 氏虛	
亥 毛角 方氏	巳 斗氏 方方	未 元角 元牛			

	午 毛元 方方	申 虛角 元牛	寅移 元元 氏虛		卯北寅 元角 氏角
	未 方角 方方	酉移 斗角 元斗	卯 虛元 氏虛		辰寅 虛元 氏角
	申 元元 方方	寅 毛元 元斗	辰 斗元 元牛		巳寅 斗元 氏虛

坎礭虎宮数	毛氐元元	毛氐毛角	方角元心	毛角元心	氣變六甲局
	方元元元	斗角元方	元其元心	虛元毛虛	
	氐虛元元	毛角元方	虛角元心	元方毛虛	

虎皮 元虛元元		元虛元氐	子 虛氐毛角	方氐毛虛	子 元角元毛
抑寅 虛角元元		虛元元氐	元氐毛角	毛氐毛虛	虛角元毛
振寅 斗角元角		斗其元元	方氐毛角	斗氐毛虛	牛虛元心

坎存度過宮	方角 角斗	毛角 角牛	坎摽過宮度	亥戌 方氐 元虛	巳辰 毛角 元角
	阴 阳綦 炊	方心 角牛			午巳 方角 元角
	方方 角斗	元角 角牛			未午 元角 元角
辰卯 元角 角斗	亦欠 斗牛 元斗	虛角 角牛	卯亦 元角 元虛		申未 虛角 元角
巳卯 虛角 角斗		斗角 角斗	辰亦 角虛 元虛		酉申 斗元 元虛
午卯 斗角 角其		心牛 角斗	巳亦 斗角 角牛		戌酉 毛角 元虛

六

戌酉 氐方 方其	酉未 心心 方斗	未午 牛牛 方牛	午大巳 牛氐 毛虛	午大辰 方角 元氐	未大卯 毛角 角其
亥大酉 角角 方其	戌未 氐角 方斗	申大午 毛虛 方牛	未大巳 角氐 毛角	未大辰 元氐 元氐	申大卯 方角 元方
亥大戌 牛角 方毛	亥未 角角 方斗	酉午 氐心 方牛	申巳 氐元 毛角	申辰 角方 毛虛	酉大卯 元角 元方

辰大寅 其角 方毛	酉大申 牛方 方其	戌午 角心 方牛	酉巳 心氐 毛角	酉辰 氐方 毛虛	戌大卯 虛角 元方
巳大寅 心方 方毛	戌申 其角 方其	亥午 牛牛 方斗	戌巳 其氐 毛角	戌辰 心氐 毛虛	亥大卯 斗角 元氐
子大寅 氐方 方毛	亥申 心角 方其	申大未 其心 方斗	亥巳 斗毛 毛角	亥辰 其方 毛虛	巳大辰 毛角 元氐

款 氏方 角毛	燧拯 氏心 元斗	晨熅 心方 元牛	北坎 牛牛 氏虛	坎卦九宮總論	未寅 角方 方毛
焴慓 角斗 角毛	蕈坎 心角 角其	鷺寅 氏角 元牛	欣 心其 氏虛		申寅 牛方 方心
辟坎 牛其 角心	凼吐 氏角 角其	葪坎 角氏 元牛	坎線 氏氏 氏虛		酉寅 其方 方心
畝 其牛 角心	蘇坎 角角 角其	鷺卯 牛方 元斗	晨熅 角氏 氏虛	筱坎 角毛 方心	戌寅 心方 方心
顠 心方 角心	倚嗽 牛心 角毛	秋 其元 元斗	坎賢 牛心 元牛	擢 角方 心虛	亥寅 氏方 方心
嫠 氏方 角心	北坎 心心 角毛	歃 心其 元斗	次賢 其心 元牛	坎歃 其牛 氏虛	

亥寅 牛心 心虛	巳寅 角角 心元	游外卦定局	隆 角角 心氏	坎北 巳寅 牛方 心氏	倉坎 角毛 角心
由 辰卯 其心 心虛	午寅 牛牛 心角		斗扻 牛毛 心元	坎北 午寅 其角 心氏	扻車 牛心 角方
巳卯 其虛 心虛	未寅 其牛 心角		其毛 心元	坎北 未寅 心毛 心氏	斗扻 其方 角方
午卯 氏心 心虛	申寅 心牛 心角	由寅 其毛 心元			坎北 寅寅 心方 角方
未卯 角心 心方	酉寅 方其 心角	卯寅 心心 心元			坎北 卯寅 氏元 角方
申卯 牛氏 方方	戌寅 角心 心角	辰寅 方虛 心元			坎北 辰寅 角氏 角方

氏心亥 元方戌	氏其亥 氏氏未	方元酉 角虛午	方氏申 元其巳	方心申 氏心辰	方其酉 方毛卯
	氏心酉 氏毛申	氏其戌 方元午	方角酉 元心巳	方氏酉 氏氏辰	方毛戌 方其卯
	氏氏戌 氏牛申	氏心亥 方氏午	方牛戌 角心巳	方角戌 氏其辰	方氏亥 方毛卯
	氏角亥 氏角申	氏方申 方斗未	方其亥 角其巳	方虛亥 氏虛辰	方元巳 方虛辰
	氏角戌 氏虛酉	氏角酉 方心未	方心未 角牛午	方其午 元斗巳	方牛午 氏方辰
	氏其亥 元其酉	氏牛戌 氏元未	方氏申 角心午	方心未 元氏巳	方斗未 氏虛辰

坎金宮分度

一 氐毛 氐元	二 角角 氐角	五 牛方 氐毛	八 其方 氐心	木宮
一 角毛 氐元	二 虛虛 氐斗	五 其心 氐毛	心方 氐心	分度
二 牛毛 氐角	三 其牛 氐其	六 心心 氐毛	氐方 氐心	一 氐牛 方虛
二 其心 氐角	三 心其 氐其	六 氐氐 氐毛	九 角斗 氐心	一 角斗 方虛
正 心毛 氐角	四 氐心 氐其	七 元虛 氐毛	十 牛氐 方虛	二 牛方 角氐
正 氐角 氐角	四 角方 氐其	七 牛方 氐心	十 心心 方虛	二 斗氐 角氐

三 心虛 元毛	卜二 心其 元其	十 元角 角虛	七 方角 角角	四 毛角 角元	正 心氏 角氏
三 氏斗 元毛	卜二 氏心 元其	十 角心 元斗	七 元角 角角	四 方角 角元	正 方毛 角氏
四 角心 元毛	正 角心 元其	水宮	八 虛角 角角	五 元角 角元	二 角方 角氏
四 牛氏 元心	正 牛氏 元毛	分度	八 斗氏 角虛	五 虛方 角元	二 元角 角氏
五 其氏 元心	二 斗虛 元毛	卜 牛牛 元其	九 毛角 角虛	六 斗角 角角	三 虛角 角氏
五 心方 元心	二 心氏 元毛	卜 其方 元其	九 方角 角虛	六 毛角 角角	三 斗角 角元

角氐八 牛毛	亢心五 虛方	亢其二 角心	亢氐十一 氐心	亢角九 方其	亢氐六 心斗
角角八 牛方	亢氐五 虛心	亢心二 角毛	亢角十一 氐心	亢牛九 氐氐	亢角六 心氐
角虛九 牛虛	亢角六 虛斗	亢氐三 角方	亢牛十二 亢氐	亢其十 氐牛	亢牛七 方斗
角其九 斗心	角牛六 牛心	亢角三 角心	亢其十二 亢牛	亢心十 氐心	亢其七 方心
角毛十 斗角	角其七 牛牛	亢牛四 虛牛	亢心正 亢氐	太宮	亢心八 方其
角氐十 斗牛	角心七 牛心	亢其四 虛斗	亢虛正 亢虛	分度	亢氐八 方方

に 其氐 角虛	十 心毛 角角	七 角牛 角氐	四 氐角 氐斗	正 心牛 氐牛	壹宮分度
に 心方 角虛	十 氐牛 角角	七 牛方 角元	四 角其 氐斗	正 氐方 氐牛	
正 氐方 角虛	陽宮	八 其氐 角元	五 角虛 氐斗	二 角牛 氐牛	卜 角毛 角斗
正 角牛 角虛	分度	八 氐元 角元	五 牛方 氐牛	二 牛其 氐斗	卜 牛心 角其
二 角其 心虛	卜 角其 角角	九 角其 角元	六 毛毛 角氐	三 斗其 氐斗	に 其心 角其
二 牛元 氐虛	卜 牛牛 角虛	九 其牛 角角	六 氐氐 角氐	三 毛方 氐斗	に 其角 氐牛

角其 心心 五	角虛 毛斗 二	角虛 其氐 卜	方心 牛心 九	心其 氐心 六	角心 其心 三
角毛 心方 五	方心 方氐 二	心毛 氐毛 卜	方方 牛斗 九	角氐 其方 六	心角 方斗 三
方方 氐斗 六	方角 方心 三	角其 毛其 仁	方角 牛其 十	氐斗 虛方 七	方牛 方心 四
方元 氐斗 六	方虛 方毛 三	角毛 毛氐 仁	角元 其斗 十	氐毛 虛心 七	氐牛 方心 四
方虛 氐其 七	方斗 氐斗 乂	角方 毛斗 正	優	心虛 虛斗 八	方其 方元 五
方其 元氐 七	方毛 氐方 乂	角角 毛氐 正	分度	方其 八	心牛 氐 五

方毛 斗氏 十	心元 虛角 七	心氐 角心 四	心毛 元斗 正	主宮	方毛 元方 八
方氐 斗氐 10	方方 角斗 7	心元 角元 X	心氐 元毛 正	分度	方方 元方 八
戌宮	方元 角方 八	心虛 角毛 五	心元 元毛 二	心氐 氐牛 卜	方元 元方 九
分度	方虛 角心 8	心斗 虛毛 5	心虛 元毛 二	心角 氐其 卜	方虛 元方 九
方元 斗角 卜	方牛 斗心 九	心毛 虛毛 六	心斗 角毛 三	心牛 元角 仁	方牛 角虛 十
方虛 斗方 卜	方斗 斗虛 9	心方 虛方 6	心毛 角毛 三	心斗 元角 仁	方毛 角方 十

氐虛 亢角 三	氐虛 氐毛 二	氐氐 方氐 九	方方 心方 六	方毛 毛方 三	方其 其牛 二
氐斗 角毛 三	氐亢 氐方 二	氐亢 方心 九	方亢 心方 六	方方 毛其 三	方毛 其方 二
氐毛 角方 〤	氐斗 亢心 正	氐虛 方方 十	方虛 心心 七	方亢 毛斗 〤	方方 其方 正
氐方 角心 〤	氐毛 亢角 正	氐斗 氐斗 十	氐虛 角方 七	方牛 心牛 〤	方亢 其方 正
氐亢 角方 五	氐方 亢角 〢	氐毛 氐斗 亥宮卜	氐心 方其 八	方斗 心毛 五	方虛 其斗 二
氐方 虛角 五	氐亢 亢方 二	氐方 氐斗 卜	氐斗 方斗 八	方毛 心斗 五	方斗 毛其 二

角盧 元斗 啟上	蹁月分度	角方 盧方 灶抖	坱卦定度	元盧 牛方 九	氐元 盧斗 六
角斗 角斗 跳		角元 盧其 塲		元斗 斗心 九	氐盧 盧斗 六
角毛 角斗 啟上	角斗 元斗 外阴	角盧 盧斗 坱耕	元元 斗方	元毛 斗盧 十	元斗 牛角 七
角方 角斗 長阴	角毛 元心 比 外阴	角方 氐角 拆阴 杯阳	角盧 角方 灶阳	元方 斗盧 十	元毛 牛方 七
角角 角氐 明	角方 元方 卧下 外阴	角元 氐斗 夯陷圭	角斗 盧斗 灶阴		元方 牛斗 八
角盧 角斗 朝	角元 元斗 望	角牛 元斗 拆阳 杯阴	角毛 盧方 阳 阴		元元 牛斗 八

黑政 毛方 角角	黑未 氐牛 氐牛	遷度薰宮	昭閤上 亢斗 氐斗	翩魁 牛毛 方虛	翔 斗虛 角虛
鄉 其心 角角	批 方斗 氐牛		帛明魁癸 氐斗 氐斗	湖魁 其毛 方虛	明 心牛 角虛
想鍋 牛牛 角角	闢批 心方 氐牛		帛朋魁 心其 氐斗	廊夕陰 心牛 方虛	淛魁 氐斗 角虛
黑戟 方斗 角亢	薰 虛牛 方角	黨校 斗方 氐斗	犀土 氐氐 氐亢	胡魁 氐方 方虛	潮黜上 虛方 角虛
想楊 心亢 角亢	皮黥 角心 角虛	黑示 虛斗 氐牛		朗商上 虛心 氐斗	塱夕勝 方斗 氐虛
鄉鍋 斗方 角亢	隴 毛斗 角虛	熏糲 亢亢 氐牛		駒商上 角氐 氐斗	朝加荷 斗斗 方虛

摽化疊度宮	角元巳 毛氏	龍鰾卦剝度	角心守黑 方毛	角虛䁽兔 方牛水局	角毛夕鄉 氏角梮
	角氏巳 毛牛馬		角毛龥 方斗	角角本叅 方斗水局	角氏夕鄉 氏其水局
	心其騃 氐毛		角其守黑 方牛	角氏黑陈外 方斗盤	角其夕鄉 氏牛火局
角虛寅黑 其方卯		角元州 心斗馬	角斗孫氣 方其	角方燴 方斗鏈	氏斗碟黑 牛心
角虛纆 其斗辰		角氏長 心牛	角虛由卜 心毛示	角氏尨 方方薰	角牛䁽兔 氏其梮
角氏大卯 其斗黑		角心長 心牛馬	心方仝 氏虛	角毛粤 方方阴阳	角斗兜黑 氏斗薰

扌氣化疊度宮

巳柳朋奐 心牛 元虛	口氣 牛牛 角牛	女氣 角牛 角牛	扌氣化疊度宮	午黑 心毛 角斗	辰旱 方心 角其
貞黑 毛方 元虛	馬氣 元方 元虛	雨氣 氐斗 角牛		羊黑 斗方 角斗	四旱未 毛方 角其
扁黑 毛斗 元虛	用黑氣 元斗 元虛	折黑氣 毛方 角牛		雨黑鬼 斗斗 角斗	夕鄉 斗斗 角其
用扁 其角 元虛	黑氣廾 氐牛 元虛	巳由 牛氐 方其	扌氣 虛方 角牛		金黑 其牛 角其
遠適日月 角牛 元角	目氣 角心 氐毛	女氣 毛斗 角牛	巳由氣 元方 角牛		辰黑 虛方 角斗
黑柳朋 毛氐 元斗	黑氣早 方其 元虛	阝氣 斗方 角牛	目氣 元斗 角牛		巳黑 氐心 角斗

元元 震 方方	元方 張 氏心	氣翻七政卦	元牛 [illegible] 角心 圭	元其 黑 斗心 [illegible]	元元 [illegible] 角斗
元元 益 方斗	元毛 寅 氏其		元方 [illegible] 元其 [illegible]	元斗 [illegible] 角斗 [illegible]	元氏 [illegible] 角牛 井
元方 兆 方其	元斗 [illegible] 氏斗		元毛 [illegible] 元斗 [illegible]	元虛 [illegible] 元方 [illegible]	元方 [illegible] 角其 [illegible]
元牛 甲 方氏	元虛 癸 方方	元虛 皮 氏其 線	元斗 日 元氏 [illegible]	元虛 [illegible] 元斗 [illegible]	元毛 [illegible] 角方 [illegible]
元氏 [illegible] 心氏	元虛 丙 方斗	元角 [illegible] 氏角	角方 [illegible] 牛毛	元角 [illegible] 元心 [illegible]	元毛 [illegible] 角斗 [illegible]
中 元心 巽 心牛	元角 [illegible] 方氏	元元 [illegible] 氏斗		元氏 [illegible] 元斗 [illegible]	元其 [illegible] 角牛 [illegible]

震 元斗 其氏	祿 元虛 其毛	坎 元氏 毛氏	黑翻陰七政卦		矼 元毛 心斗
岳 元虛 斗斗	張 元元 其其	頡 元方 毛毛			屮 元毛 心方
甲 元元 斗虛	斛 元方 其方	兆 元毛 毛氏			試 方虛 心元
矼 元元 斗斗	丙 元方 其斗	癸 元其 毛心	卧 元斗 心虛		
屮 元毛 牛斗	丑 元毛 其毛	皮線 元斗 毛方	涼示 元虛 毛斗		
巽 元心 牛牛	寅 元其 其牛	出 元斗 毛斗	驊 元元 毛心		

丙 牛其氐其	絨 其其氐牛	癸 其毛氐虛	張 氐其元牛	乾翻改七政卦	扁 毛氏元牛
癸 其心氐其	兆 斗斗氐牛	新 牛牛氐方	鍬 虛虛氐虛		試 方氏方心
岁 毛氐氐其	巽 毛其氐牛	試 毛其方虛	寅 毛角氐虛		二

斗斗氐毛	扁 角氏氐牛	四 方元方虛	張 角其氐虛	皮線 其毛元斗	
	甲 牛心氐斗	矼 元其方虛	丹 氐毛氐虛	岀 牛牛元斗	
	震 斗虛氐斗	益 牛牛氐牛	猬 心方氐虛	深 虛斗元牛	

圭彩 心[illegible] 元元	震 毛斗 氐心	益 元斗 氐心	共 毛盧 角氐	坤翻段七政卦	
	史 其牛 氐心	紩 氐牛 氐心	殙 斗方 氐其		
	丙 盧盧 氐毛	兆 方方 氐心	癸 心方 氐其		
	坎 角毛 氐毛	巽 方斗 氐心	斳 盧方 氐心	綵 角斗 心氐	
	前月綵 元牛 氐毛	扁 毛方 氐心	訞 盧斗 氐心	[illegible] 心牛 氐毛	
	皮泉 元牛 方斗	甲 心牛 氐心	矼 角氐 氐心	張 毛盧 角元	

外翻改七政卦	巳 心牛 方其	巽 元斗 方斗	新 虛方 方牛	張 毛毛 氐毛	內翻改七政卦
		扁 氐牛 方牛	訟 虛斗 方牛	[illegible] 元氐 氐其	
		甲 心牛 方斗	矼 斗方 方斗	寅 毛斗 方牛	
皮線 氐[illegible] 方其		震 角牛 方斗	益 牛毛 方毛	夘 牛心 方牛	[illegible] 氐其 氐毛
亥祿 方斗 方其		尖 牛牛 方其	獄 角其 方其	[illegible] 斗元 方牛	亥祿 方斗 氐毛
勞 其牛 方毛		丙 虛斗 方斗	兆 元斗 方其	癸 元氐 方牛	[illegible] 斗氐 氐心

心其／角心　張	震翻改七政卦	心心／元角　巳	心心／氐牛　巽	方心／心牛　拼	方心／毛牛　張
心心／角心　蝌			心氐／氐毛　扁	方方／心斗　訣	方毛／毛斗　蝌
心方／角元　寅			心方／氐氐　甲	方氐／心牛　矼	方氐／毛牛　寅
心角／角角　奴	心方／元其　皮線		心元／氐斗　震	方角／牛方　益	方角／毛牛　奴
心牛／虛角　殨	心角／元心　綵		心虛／氐牛　岁	心虛／方元　紩	方虛／毛其　殨
心其／虛角　癸	心牛／角角　出		心其／元牛　丙	心斗／氐斗　兆	方其／心心　癸

角斗 毛角 兆	角其 斗氐 女	總論翻改七政卦	角斗 牛斗 巳	元元 元元 絥	心心 虛斗 豣
角毛 其斗 扁	角毛 斗心 張		角其 牛氐	元心 角元 扁	心氐 虛氐 訣
角角 其毛 巽	角方 斗斗 甲 [illegible]			元牛 虛角 甲	元虛 氐虛 矼
角牛 毛牛 皮線	角元 斗氐 益	角心 牛氐 丙		元斗 虛心 震	元其 元角 益
角斗 毛方 岁	角虛 斗斗 甲	角方 牛斗 癸		元角 虛氐 岁	元心 元心 兆
角虛 方毛 絥	角牛 其牛 震	角牛 斗心 寅		元虛 虛毛 丙	元氐 元氐 巽

黑泰咎	氣泰咎	坤泰咎	乾泰咎	咎差牛氏角心	巳虛氏角方
牛虛氏虛	毛心元斗	氏毛方氏	全方虛方角	魁咎角心方角	斗元毛角方
毛斗氏虛	氏氏元牛	牛心方元	虛氏方虛	魁氣元斗方角	咎元方角方
元虛氏虛	廿方元牛	牛牛方氏	角氏方虛	砧元牛元斗	咎斗氏角方
心心元牛	斗方元牛	元毛方方	牛元氏牛		咎牛氏角方
方方元牛	牛毛氏虛	心其方方	毛其氏斗		咎行元虛角心

虛斗方元	連咎分度	酉 牛角角虛	卯 氐心角元	充泰咎盤分度	震泰咎
其氐方角		戌 虛元角虛	辰 角方角元		角毛元牛
角牛方元		亥 元氐角虛	巳 牛毛角角		方心氐斗

元斗方元	甲 心心方角	驛撫魁 斗氐元心	午 毛虛角角	子 虛元角氐	其心角氐
氐元方元	毛斗方角	忽登 虛斗氐角	未 氐元角角	丑 其牛角元	心心角氐
方斗方元	牛牛方角		申 元氐角角	寅 心牛角元	角元角氐

氏角 辰 氏其 寅卯	氏牛 亥 角方 申酉	遷咎交界度	氏角 亥 角牛	方其 氏方	方心 元心
氏元 卯戌 氏斗 辰	氏角 亥戌 元氏 卯			方氏 方虛	方毛 子 元斗
氏氏 辰 氏氏 辰巳	氏氏 卯 元角 寅卯			方方 方虛	方斗 元氏
氏斗 辰 氏虛 午未	氏心 卯 元牛 辰巳	氏氏 亥 角心 寅卯		方方 方其	方角 氏方
氏牛 辰 氏牛 申酉	氏其 卯 元方 午未	氏毛 亥 毛斗 辰巳		方斗 方牛	方心 氏其
氏虛 辰戌 方斗 巳	氏牛 卯 元角 申酉	氏斗 亥 角虛 午未		氏元 角斗	方毛 氏斗

秋大宮刻度	元元巳戌 心虛	元元酉 心氐寅午	元牛未 氐元辰巳	角方午 心斗辰巳	氐角巳 方其寅卯
	元牛午戌 心牛	元方酉未 心氐戌	元氐未 方牛午未	角毛午 心斗午未	氐方巳 方角辰巳
	元元辰戌 毛虛兇亥		元心未 方元申酉	角斗午 心方申酉	氐毛巳 方心午未
元方寺 斗毛			元其未戌 方虛申	元氐午戌 氐其未	氐斗巳 方虛申酉
氐虛羅 斗斗			元其申 方毛寅卯	元心未 氐牛寅卯	氐牛卯戌 方角午
氐氐紀 斗方欣			元虛申午 心元酉	元其未 氐元辰巳	角方午 心方寅卯

	氐心 方方 癸	角方 角方 黰 烌	角其 虛毛 鴝 衜 淼	角其 牛心 乾坤	氐心 斗氐 菜
	氐牛 其方 图	氐虛 元元 秋	元角 元斗 秋 碍	元心 虛心 軍	心元 虛方 覝
	方氐 斗方 摽 桼	角元 氐牛 欠 前	方角 其氐 㾓	角虛 虛心 怡	心氐 虛角 夆

角斗 角方 抒	方其 方心 圖		方氐 其心 囷	角角 虛元 祈 寿	氐虛 毛氐 㕭
角牛 角元 祃	角斗 氐牛 聴		角牛 虛心 睢	角方 虛其 倈	方虛 心斗 𠬝
角虛 元元 祃	角心 氐虛 聴 井		角元 角元 囹	角心 虛氐 虓	方角 斗氐 乾坤

方其 毛氏 知	六斷卦總論	方虛 毛方 粺批	方元 心其 啟	角方 氐方 歸	角氐 元牛 蘊旨
氐牛 毛牛 禍		方角 毛心 箄字	方氐 心心 堋	角心 氐其 音記	角毛 元斗 妙旨
氐角 其心 鉀		方元 毛方 箄字	方心 心心 猛	角毛 氐其 序	角其 元其 建土
方其 毛毛 颯	方方 毛氏 稘	方氐 毛心 箄廾	方毛 心方 睿答	角牛 氐元 棿土	角虛 氐毛 鄉
心牛 元方 颱	方方 毛斗 野		方牛 心虛 騣	角虛 虛其 噩	角角 氐心 鄰
心元 虛其 麻康	方心 毛心 海		方牛 心心 粺掤	方角 心牛 旋外	角元 氐方 鄰臨

大風 牛氏 方心	巽 方氏 方其	知 方氏 元方	乾卦六斷分度	耿 氏心 角角	巽 斗氏 方毛
幷 斗氏 方心	鋼 角方 方其	禎 斗元 元氏			鋼 心心 角虛
	神 元氏 方其	鉀 其氏 元氏			神 斗方 角虛
	斗方 方毛	颯 毛元 元元	稘 虛元 元斗		角斗 角角
	豫 心氏 方毛	融 心元 元元	野 方氏 元其		豫 元心 角角
	翔 虛元 方毛	麜 角角 元元	斷 元方 元其		翔 元斗 角角

方心 毛毛 鋼	方其 角方 禍	離卦六斷分度	氐角 其毛 坤	元牛 元方 禍	坤卦六斷分度
方氐 其毛 坤	方斗 角氐 颫		角心 斗心	氐虛 其心 颫	
方方 其心 斷	方毛 方氐 飆		角角 牛毛 翔	氐心 其角 颱	

方虛 斗心 翔	方心 方方 颱	方氐 角方 䟫	角氐 牛心 炬	氐其 毛方 飆	元其 毛氐 䟫
方虛 牛心 炬	元斗 氐其 鉮	方方 角心	角其 牛毛 并	氐心 斗方 巽	元心 毛方
方牛 斗毛 并	角牛 牛毛 巽	方心 虛毛 知		氐氐 牛心 鋼	元毛 方心 知

艮卦六斷分度

天申：心心 氐牛	禎：其毛 氐心
其毛 元元	川風：元氐 氐毛
翔：毛元 元毛	周也：斗其 氐毛

震卦六斷分度

斗氐 氐虛	禎：方斗 元方
鋼：其心 氐虛	川風：其方 元方
天申：其角 氐元	周也：角方 氐角

翔：斗毛 氐元	酥：元角 氐角	野手：角方 元方	知耳：角方 元其	酥：氐心 氐斗	元方 元牛
知耳：毛毛 氐牛	巽：虛其 氐角	元氐 元方	并：毛心 元其	巽：其虛 氐斗	角方 元元
并：斗心 元方	牛心 氐虛	知：氐氐 元方		鋼：元氐 元牛	心毛 氐心

外卦六斷分度	元斗 角心	元其 鋼 牛角	元角 川風 牛方	内卦六斷分度	元角 鉮 斗方
		元牛 天申 牛方	元元 周也 牛方		元斗 風 斗方
		元氐 翔 心方	元氐 唐東 牛元		
元其 野 角毛		元方 駐 应元	元方 牛心	元元 野 斗心	
方虛 其心		元方 并 氐方	元虛 禎 牛心	元氐 斗方	
方角 知 斗方		元元 鉮 元氐	元心 牛氐	元牛 庄 斗毛	

学 毛心 方氏

仝 元虛 氏氏	心心 方其	總論什度宮	威 角方 方角	鋼 角毛 方氏	永 斗方 方方
学 角氏 氏角	箴 毛毛 方其			坤 元心 方氏	川 牛方 方方
華 氏牛 氏角	巾 毛斗 方其			翔 毛心 方角	周 虛方 方心
短 其其 氏角	虛 其方 方其	禺 元方 角元		犀 心毛 方角	唐 氏心 方方
巴 牛斗 氏角	鄉 斗元 氏元	魁 牛牛 方毛		并 其心 方虛	吴 氏方 方氏
銮 方心 氏元	吊 牛氏 氏氏	庭 虛方 方其		鉀 斗元 方虛	斟 方心 方氏

角毛 毛心 不積	角心 毛其 航欵	角牛 心心 兆宮	角牛 方其 不匠	角角 方毛 劝欲	戊己宮分度
角毛 毛斗 的剀成進	角其 毛心 訃也	角虛 毛方 耔	角元 心方 劾飪	角元 方元 井獃	
角元 其方 長牝	角斗 毛斗 弄	角角 毛毛 鵡	角氐 心毛 噴火	角毛 方虛 樕	

角方 其斗 寮奇	角牛 毛其 卧倚	角元 毛其 家	角心 心毛 抗鄧宜	角其 方心 嬉㹪	氐斗 氐氐 戊
角心 其斗 斂	角元 其虛 卧卄綠	角氐 毛心 跮	角斗 心其 跃夕	角角 心虛 魃	氐斗 氐其
方角 角斗 鍵	角毛 毛虛 遠尚做	角方 毛方 餅	角虛 毛虛 饈文游	角虛 心虛 高以	氐牛 方氐 遊

方元𧦝斗 氏方	方虛塝 氏斗	方心桂 元其	陸卦分度	角方斗寸 方牛	方氏㧞 角其鲔
方方状 氏虛	方虛塝 氏角	方斗𧦝 元毛		角毛斜 元牛髓	方方非精 角方大棘
方方封 氏方		方其争 元其𩀌		角斗 方斗	方斗跌 角毛
方毛科 氏虛		方斗娃 元斗	方牛鄉 角氏	元斗 角牛	方斗半 角斗𥺌
方其封 氏其石		方牛娃 元斗步	方方抱 元虛	氐斗 毛牛	方其半 角斗斌
方斗𠚕 氐方石		方虛䢂 氏心侍	方氏嘻 元氏	方日 氐牛	方牛鄧 角氏

心盧歛 氏心圭	心角魁 元盧縱	心角阳乍 角氏次术	心心 盧氏大圭	方毛 方牛項	方牛卧 氏心石
心角婁 氏氏	心元 元其睩	心元樂 角心火	心毛 盧元大圭	方毛倉 方心斗	方盧 方其婊
心元 氏氏擛	心毛 元盧稪	心方昭 角毛卧	心其 盧氏淅相	方斗跬 方盧加	方角 方斗戈圭
心心 氏心擛	心其翹 元元廾	心其炑 角盧水旦	心牛 盧盧翰	方斗 方毛硅	方方 方方餓
心毛 氏其膨	心斗 元氏螃	心斗尫 角其丙	心角 角盧民圭	方盧 心盧跡圭	方毛 方盧械
心斗又 氏盧制	心盧蒼 氏元廾	心牛 角氏全	心牛國 盧氏	心方 盧角刎圭	

	氐元 其斗 [illegible]	氐毛 毛虛 [illegible]	氐牛 心元 [illegible]	氐氐 心毛 [illegible]	心斗 氐方 [illegible]
	氐方 其虛 [illegible]	氐心 毛氐 善	氐角 毛元 木 [illegible]	氐心 心心 壯	心虛 方虛 瓜 火
	氐氐 其毛 仝	氐毛 毛斗 稗 井	氐元 毛角 [illegible]	氐其 心心 姜	心虛 方其 水 貴
		氐斗 毛虛 [illegible]	氐元 毛毛 [illegible]	氐斗 心心 穗	心角 方氐 [illegible]
		氐斗 毛方 [illegible]	氐方 毛虛 [illegible]	氐斗 心斗 [illegible] 火	氐角 心其 [illegible]
		氐元 其心 仝	氐方 毛方 [illegible]	氐牛 心毛 貿	氐元 心其 [illegible]

毛斗 元斗	䡴卦分度	巳申 其牛 元毛	辰午 牛心 元氏	戊癸 毛心 氏其	窿建分度
戊 牛心 元斗			巳 斗斗 元斗	癸 斗虛 氏其	
元虛 元牛			巳午 角牛 元方	夘灶 斗角 氏其	
庚 元其 元牛	甲 斗虛 元斗		辰酉 牛其 元方	夘朴 牛氏 氏其	炮 方方 氏其
元氏 元牛	心氏 元斗		巳夘 方毛 元心	夘午 方元 方牛	秋 毛虛 氏其
壬 方虛 元牛	丙 方斗 元斗		巳辰 角毛 元心	辰 氏其 元斗	一大 毛斗 氏其

倉揮分度

方斗方斗	虛虛方斗	倉揮分度	戊 其元氐虛	辰 虛方氐虛	方角元牛
子 心毛方斗	戌 牛心方其		斗心氐虛	元氐氐虛	子 斗虛元牛
毛毛方斗	角其方斗			午 元毛氐虛	其毛元牛

寅 毛斗方斗	庚 方虛方斗	甲 虛牛角虛		方方氐虛	斗斗元牛
其其方斗	氐毛方斗	斗方方其		申 方虛氐虛	卯 牛毛元牛
辰 斗斗方斗	壬 方方方斗	丙 斗其方其		心牛氐虛	全 牛角元牛

氏牛 斗氏 辰	氏方 斗元	方牛 牛其	窿煇分度	方心 牛斗	方牛 斗角
氏虛 牛方	氏毛 斗角 子	心角 虛角 戊		方毛 牛方	方元 牛虛
氏角 牛心 午	氏毛 斗氏 子	心氏 氏元			方元 牛牛
氏元 牛心	氏斗 斗斗	心方 氏其 庚	方其 牛斗 甲		方氏 牛氏
氏元 牛斗 申	氏其 斗氏 寅	氏元 斗角	方斗 牛斗		方氏 牛其
氏方 牛方	氏其 斗毛	氏元 斗虛 壬	心虛 虛角 丙		方方 牛方

軲卦分度

元牛角斗	斗虛方虛	方牛方虛	虛牛方虛	軲卦分度	氐毛氐牛
	虛虛方角（午）	方毛方虛（子）	牛心氐牛（戊）		毛方氐牛
	斗方角其	氐斗方虛	虛心方虛		

	其元角其（甲）	心角方虛（寅）	元方方虛（庚）	心其氐牛（甲）	
	牛氐角其	毛元方虛	元虛方虛	斗虛氐牛	
	角斗角斗（戌）	斗心方虛（辰）	角其方虛（壬）	斗方氐牛（丙）	

轉卦分度	其其元虛	牛氐角牛	角心角牛	毛元角斗	遷軲分度
		元虛元虛 午	氐方角牛 子	斗虛角斗 戊	
		角其元虛	方方角牛	其其角斗	

斗牛元虛 甲		氐氐元虛 申	毛虛角牛 寅	虛牛角牛 庚	元毛角斗 甲
牛心元虛		方元元虛	心其角牛	虛毛角牛	方虛角斗
虛方元角		其氐元虛 戌	虛元元虛 辰	牛牛角斗 壬	心元角斗 丙

元虛 心斗	觀[瓜車] 分患	元毛 方虛	元牛 氐斗	元氐 氐氐	元虛 角斗
元元 心牛　戊		元牛 心其　[illegible]	元氐 方斗　午	元方 氐斗　子	元角 角氐
元元 心毛		元斗 方虛　剔	元氐 方毛	元毛 氐氐	元元 角方
元氐 心其　庚	元斗 方方　甲		元方 方毛　申	元心 氐其　寅	元氐 角心
元方 心斗	元斗 方其		元毛 方方	元其 氐毛	元元 氐方
元心 心心　壬	元虛 心心　丙		元心 方心　戌	元斗 氐心　辰	元方 氐虛

元氏庚 元其辛	轉卦分度	元元妢分 其氏	元其亥 毛方	元氐 毛其	元其 心其
元心壬 元斗癸		元方丙由 其虛	元牛爪 毛斗	元方午 毛元	元斗子 心牛
元毛子 元方丑		元氏刻 其其匹	元牛事爪 毛心	元毛 毛牛	元斗 心毛
方					
元其寅 元氏卯	元元甲 元牛乙		元虛魁 其方	元毛申 毛虛	元虛宙 毛方
元斗 元牛	元元丙 元毛丁		元角粉 其其	元毛 毛毛	元元 毛牛
元斗 元毛	元方戊 元氏巳		元元衛 其虛	元心戌 毛其	元角長 毛其

	牛圭	元角午 斗毛	夆斗	夆圭	元虛 氐方
角毛 虛氐	分	隹斗	元其辰 其心㧗	元心卯 其角㧗	元牛 未 元其
角其 虛元	度	元毛辰 角虛	元斗 宔 其牛	元心卯 其心午	元角 氐牛
	角氐申 虛氐	元其辰 角氐午	元牛辰 其心午	元方辰 角氐	角角 巳 虛方
角斗 虛元		元斗巳 角方	元牛巳 其斗	元心巳 其牛	角元 虛方
角牛 虛氐	角方 虛氐	元牛巳 角方午	元虛巳 斗心午	元毛午 其元	角氐 虛角

掌卦剝度	辰戌 斗氐 角元	庚 角角 角元	掌卦分度	未 心氐 角角	丑 虛氐 角角
	巳亥 氐氐 角元	壬 元元 角元		申 毛氐 角角	寅 角元 角角
		子午 方氐 角元		酉 其角 角角	卯 角方 角角

甲乙 牛角 角元		丑未 心氐 角元	甲 牛氐 角角	斗元 角角	辰 氐氐 角角
牛心 角元		寅申 毛元 角元	丙 虛氐 角元	亥 其方 角角	巳 方元 角角
虛氐 角氐		卯酉 其元 角元	戊 角氐 角元		午 心角 角角

辰戌 其氐 角方	流逮 斗度	辰戌 角元 角方	流逮 圭度	辰戌 毛元 角氐	庚辛 角氐 角氐
巳亥 斗方 角方		巳亥 方角 角方		巳亥 其氐 角氐	壬癸 元元 角氐
	子午 方氐 角方	流逮	子午 其角 角氐		子午 氐元 角氐
	丑未 氐氐 角方		丑未 斗元 角氐		丑未 氐方 角氐
	寅申 心氐 角方		寅申 牛氐 角氐		寅申 方元 角氐
	卯酉 毛氐 角方		卯酉 牛毛 角氐		卯酉 心元 角氐

瓜加 車 度	角氐巳 毛氐亥	角其壬 心方癸	瓜出 車 度	角元辰 心元戌	[illegible] 斗 度
		角斗子 心元丑		角方巳 心氐亥	
角方甲 毛元乙		角牛寅 心元申	角氐甲 心氐乙		角牛子 方方午
角心丙 毛氐丁		角壼寅 毛元申	角心丙 心氐丁		角壼丑 心氐未
角牛戊 毛角己		角角卯 毛元酉	角毛戊 心氐巳		角角寅 心氐申
角角庚 其元辛		角元辰 毛元戌	角其庚 心元辛		角角卯 心角酉

靝度飛政			肇卦分度	巳亥 氐元 氐角	壬癸 元元 角其
		毛氐 氐角			子午 氐氐 角其
					丑未 方元 角其

寅 毛元 方牛		心角 氐角	甲 方角 氐角		寅申 心元 角其
其方 方牛					卯酉 虛氐 氐角
斗牛 方牛		其方 氐角	心氐 氐角		辰戌 元氐 氐角

午辰 虛心 氐氐	戌卯 其方 氐氐	辰卿 毛方 氐方	午寅 角方 方虛	鼙掛分度	方心 方午
未辰 牛元 氐元	亥卯 方心 氐氐	巳卯 方方 氐方	未寅 元斗 方虛		角毛 方其
申辰 心毛 氐元	子卯 氐元 氐氐	午卯 氐方 氐方	申寅 氐氐 方心		心虛 方方
酉辰 心毛 氐[illegible]	丑卯 元心 氐氐	未卯 角角 氐方	酉寅 氐斗 方心	卯擅 虛心 方方	角毛 方方
酉辰 方元 氐元		申卯 虛心 氐方	戌寅 方心 方心	辰寅 虛毛 方角	酉 牛毛 方氐
戌辰 氐心 氐元	巳[illegible] 角方 氐氐	酉卯 斗方 氐氐		巳寅 方氐 方虛	

亥酉 其毛 角其	酉[illegible] 氐方 角斗	申未 虛氐 角牛	申午 元毛 角虛	酉巳 氐方 氐角	亥辰 元心 氐元
子酉 毛心 角其	戌申 元元 角斗	酉未 牛毛 角斗	酉午 斗心 角牛	戌巳 毛方 氐虛	子辰 角心 氐元
亥 方方 角其	亥申 角氐 角斗	戌未 牛角 角斗	戌午 毛心 角牛	亥巳 心氐 氐虛	丑辰 牛心 氐角
子戌 元心 角其	子申 虛心 角斗	亥未 斗心 角斗	亥午 心方 角牛	子巳 氐方 氐虛	午[illegible] 斗心 氐角
丑戌 虛元 角其	丑申 牛毛 角其	子未 毛毛 角斗	子午 方角 角牛	丑巳 斗心 元牛	未口 其角 氐角
子[illegible] 牛[illegible] 角毛	戌[illegible] 斗心 角其	丑未 方心 角斗	丑午 元其 角牛	[illegible][illegible] 角毛 角虛	申巳 心心 氐角

干支故卦分度

子卯牛方元心	午卯方其元其	子寅心角方氐	午寅其氐方其	干支故卦分度	丑[illegible]斗元角毛
丑卯虛心元毛	未卯元毛元其	丑寅毛其方氐	未寅斗心方其		
	申卯牛方元方		申寅元心方其		
[illegible]心方方斗	酉卯毛心元虛	卯巳卯其毛元其	酉寅虛心方元	卯巳寅其元方斗	
巳長毛元方斗	戌卯心毛元虛	辰卯斗方元其	戌寅牛毛方角	辰寅斗氐方斗	
午長方心方斗	亥卯角毛元角	巳卯氐方元其	亥寅元心方角	巳寅毛心方牛	

氐方戊 牛心未	方毛子 元心午	方心午 心毛巳午	方牛酉 心毛巳	方方丑 毛方長	方元未 斗心長
氐虛亥 牛心未	方心丑 元方午	方角未 心心午	方其戊 心毛巳		方毛申 其氐長
氐牛子 斗毛未		方角申 心元午	方其亥 心斗巳	方氐巳 毛毛巳	方心酉 其氐長
氐斗丑 斗氐未	方方未巳 元心未	方元酉 心心午	方斗子 心心巳	方角午 毛氐巳	方其戊 毛方長
	方元申 元心未	方元戊 心元午	方毛丑 心心巳	方元未 毛心巳	方斗亥 毛毛長
氐元[illegible] 斗心	氐牛酉 牛毛未	方其亥 元方午		方虛申 毛心巳	方毛子 毛心長

氐元冬 元氐	格局分度	氐角子 心方亥	氐斗戌尺 心元戌	氐方酉尺 其心酉	氐角酉 斗方申
		氐虛丑 心心亥	氐毛亥 心心戌	氐元戌 其元酉	氐虛戌 斗方申
氐心冠狂 元氐冠軍			氐方子 心心戌	氐心亥 毛方酉	氐牛亥 其角申
氐毛撻 元氐冠	氐斗春 角氐	氐牛子尺 方毛子	氐氐丑 心心戌	氐方子 毛心酉	氐其子 其方申
氐其飽 元氐禍	氐牛 角角	氐斗丑 方方子		氐氐丑 毛方酉	氐毛丑 其元申
氐虛鬼 氐氐及布	氐角 元元	氐其丑尺 方方丑	氐元亥尺 心方亥		

方其冠祀 元元繁柔	方角廟外 元角局完	方心用財 角元無比	氏牛武 方方惠	氏虛膝逢 方氏冠延	氏角印 氏元甥
方斗杨妃 元元貌美	方角命格 元方清奇	方毛天赦 角氏	方虛崎 角方嶇	氏角時 方方偏財	氏元印 氏氏冠祥
方牛朵 元元佈	方元休格 元氏	方心用申 角方絕處	方角正 角元崎	氏元冠遲 方角帶刃	氏方冠遲 氏角帶刃
方角金水 氏氏相涵	方右劫印 元氏	方其焰明 角元棒	方元淫 角氏戮	氏氏寅申 方元巳亥	氏心冠遇 氏氏帶印
方角王登 氏角兵	方心干透 元元冠壯雙美	方虛金水 元氏幽情	方氏冠祀 角元全鏈	氏心拚 方元酒	氏毛杀 氏角制
方元鎷 氏元焯	方毛好存 元氏祿馬全	方牛飾 角方朵	方方雜外 角角柳巷	氏毛時 方角貴	氏其得 氏元位

氏其巽 牛元圭	氏虛孼 牛元瓜	氏角執 斗元亘	方方鉀 方元鄳	方牛旺 氏氏龍	方氏堭 氏元
氏斗隸 牛元	氏角焰 牛元	氏元衣培 斗氏	方心鷄 方角全	方虛迋 方元貴	方方颵 氏元
方虛颷 虛元	氏氏喦 牛氏	氏氏蝐 斗元	方其檞 方氏合	方角睽 方角䞍	方心圵 氏元
氏牛邑 牛氏圭	氏方颰 牛元	氏方陪 斗方	方斗鉀 方元破	方元睽 方氏時	方毛坤 氏氏
方元杞 虛氏圭	氏心霽 牛氏士	氏斗銅 斗角	方牛北李 方角杜圭	方氏瞋 方氏峆	方其憶 氏氏魁
方氏郝 虛角圭	氏毛鷸 牛氏卉	氏牛嚻 斗元	氏虛北圭 斗元	方氏瞳 方角冠	方斗町 氏元卅

坤柱畄 心方 方虛	震睽分度	巳 虛氐 氐心	亥 心氐 氐心		奎
爐全 毛方 方虛		午 角元 氐心	子 其氐 氐心		雕斗 氐元 氐虛
		未 元元 氐心	卯次圭 虛方 氐毛		寅卦 心角 氐虛
	寅 其角 方虛	申 氐氐 氐心	卯畫寅 虛角 氐毛		
	卯 斗方 方虛	酉 方氐 氐心	辰寅 角氐 氐毛		
	辰 牛元 方虛	酉 毛氐 氐心	巳寅 氐元 氐毛		

梛成陮度		戏瓜 元氐 元虛	斟㕥剗度		[illegible]剗度
		𢦓瓜 毛氐 元虛			
		𠘽𡋯 斗氐 元虛			

甲 方毛 元角		𠘽土 虛元 元角	𠘽 元氐 元虛		虛角 氐虛
丙 毛氐 元角		㿝 元元 元角			虛氐 元虛
斗元 元角					

艮	離	坤	乾		虛氐 元元
金 角角 心方	金 其氐 毛角	金 角氐 心虛	金 虛氐 心虛		
牛氐 心氐	心其 毛角	心角 心虛	元元 心虛		
心元 心氐	心虛 毛角	其方 心虛	方氐 心虛		
氐氐 心氐	角其 毛角	氐方 心虛	毛氐 心虛		
角元 心元	其其 毛虛	虛氐 心角	斗元 心虛		

辰 方乙 方癸
光 其合 巳氐
宝 戊牛 方其
雪 壬心 亢巳
所 毛乙 壬方
平 毛牛 辛心

皮 丙乙 氐合
刑 方乙 辛其
孫 壬毛 癸毛
岁 庚牛 癸斗
吐 癸合 庚方
弘送 方丙 辛亢

防司 庚牛 氐合
私 斗乙 辛心
癸 癸合 壬氐
血 毛牛 壬其
解 角合 庚毛
千 合牛 方丁

火 辛合 壬其
求 丙牛 壬心
志 庚牛 辛牛
非 方丁 辛毛
表 心合 心氐
天 丙牛 心合

一　乙合　癸心
朗　己合　癸合
书　丙牛　癸斗
馬　癸毛　心庚
盜　辛合　己元
衆　氐合　己癸

火　己合　己合
連　丙牛　癸元
大　壬斗　癸方
洋　戊其八　癸其
漫　合牛　辛氐
百　壬牛　辛合

赤　合其八　癸心
生　癸合　癸方
主　戊牛　癸毛
萬　辛合　辛元
日　戊牛　辛其八
思　合辛　辛牛　曲　[illegible]

雲　庚牛　庚毛
十　辛合　庚心
色　乙合　庚方
切　乙合　壬方
東　毛乙　壬元
內　丙牛　壬氐

尖 合其 己元

黄 乙合 己角

杏 合牛 心癸

事 合牛 癸其

合 斗牛 癸氐

才 癸合 角氐

苦 合仝 壬方

還 合斗 壬斗

皓 壬牛 壬乙

孝 合牛 庚牛

喜 斗乙 庚斗

切 合乙 庚斗

〡〣　丨分崇臨身急宜

數定命註兄弟八人內失五丁

〡〤　酉逢文雄入泮水老銳紹書香

〡〨　數定命註娶親不用三才六礼

〡〦　母出嫁兄弟六人內失五丁

〡〧　數定戊逢鴛鴦折散鸞鳳分開

〡〣　數定兄弟十二人內失五丁命第一刻生

廿〤　數定命有六子　寅時下四刻生

一 數定命有二子亥時上四刻生

〢二 父母在堂申時第三刻生

〢三 數定亥逐有孝服之悲

〢〤 戌逐今時泮水他日青雲

〢〥 父母在堂子時第三刻生

〢〦 母出嫁兄弟七人內失五丁

〢〧 時真數定命合一胎生三子

〢〨 數定兄弟十一人內失五丁合第二刻生

時真數定兄弟七人內失五丁

卅 數定兄弟十六人內失九丁合第四刻生

〣〡　○亥逢魁驥初翻步青雲更有梯

〣〢　○父死母存堂巳時第四刻生

〣〣　○甲逢數定師表峻成均之望

〣〤　○數定命有六子寅時上四刻生

〣〥　○武吉磻溪山帶雨太公下釣水成冰

〣〦　○時真數定母命丁亥生

〣〧　○數定兄弟二人內失一丁合第二刻生

〣〨　○時真數定命合兩母庶母先死

〣〩　丁逢鸞鳳捿孤影鴛枕冷半床

〤十　○數定兄弟十二人內失九丁合第五刻生

〤〡 数定命有二子戌時下四刻生

〤〢 父母在堂申時第五刻生

〤〣 丙逐名登國學望著成均

〤〤 数定双生兄弟二人兄死弟成

〤〥 雲暗不知天早晚雪深难办路高低

〤〦 時直數定妻配壬戌生

〤〧 数定母命犯什煞子息难居

〤〨 数定兄弟七人内失五丁合第八刻生

〤〩 母先死父後亡亥時第六刻生

〥十 二月天朗氣象

〡千

幺丨　時真數定兄弟六人內失五丁

幺刂　父死母在堂亥時第六刻生

幺川　數定沖犯欄胎白虎子必難居急宜祭禳

幺乂　數定命有六子丑時下四刻生

幺幺　時真數定命合兩腳不齊全

幺丄　瑞草逢春花不發臘梅偏向雪中開

幺亠　丙逢辰紅鸞綠鬢與楚雨濕紅粧

幺二　數定兄弟十人內失五丁合第一刻生

幺爻　時真數定命合七个母

乂十　數定兄弟十三人內失五丁合第五刻生

〡千

〢〡 数定命有二子戌時上四刻生

〢〢 母死父在堂巳時苐一刻生

〢〣 庚延儒林祭酒國季堪誇

〢〤 時真数定一胎双生一陰一陽

〢〥 莫道小溪容易过恐防石上跌君行

〢〦 時真数定母命乙卯生

〢〧 数定兄弟九人内失五丁合苐四刻生

〢〨 時真数定命带咸池隨妻走

〢〩 早子难養成何須問早子

〣〸 父母俱亡子時苐八刻生

〦〡　父先死母後亡巳時第一刻生

〦〢　戊逢數定廣文博士品重名揚

〦〣　數定命有六子丑時上四刻生

〦〤　荊棘林中休進步獨木橋上遇强人

〦〥　時真數定妻配辛酉生

〦〦　犯欄胎白鶴童子過月不生宜禳

〦〧　數定兄弟二人內失一丁合第一刻生

〦〨　數定乙逢衰冷蘭房之苦

〦〩　數定兄弟十三人內失五丁合第六刻生

〧十　卯子數定時真命合二六千母

之

弟八刻生

多一

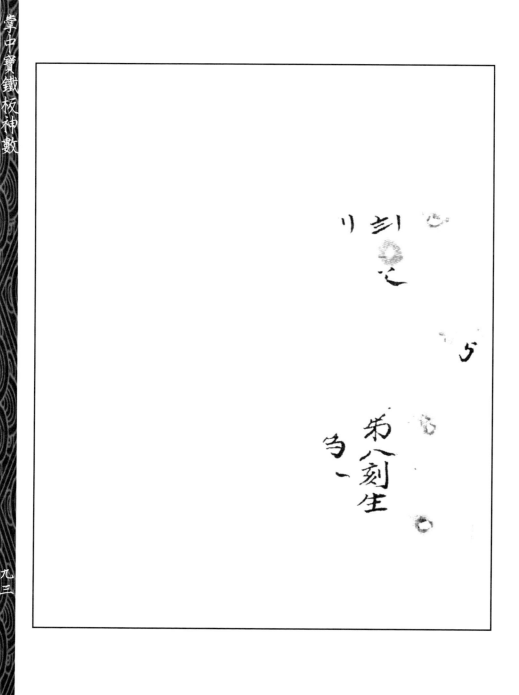

刘 ○ 時真數定酉進居

刘 父死母在堂長時第一

刘 子進名國季增章益小

奴 ○ 時真數定甲進夫故斯孫

妐 命冲犯白鶴求子急宜祭禳

社 正想好琴彈一點誰知斷線不成音

处 ○ 時真數定母命丁丑生

於 數定命註兄弟七人合第一刻生

放 數定命有六子子時下四刻生

卡 ○ 數定兄弟十二人内失十丁合第七刻生

一 數定命有二子酉時上四刻生

二 父母在堂未時第七刻生

三 丑逢廣文博士國手之稱

四 時真數定双生兄弟二人

五 母命鷄猪牛合第七刻生

六 時真數定亥逢母故斯逢

七 數定兄弟十二人內失五丁合第一刻生

八 郎子數定時真命合五个母

九 中饋無虧不愧女宗之首

午

十 父先死母後亡申時第五刻生

〡一 時真数定毋命丙子生

〡二 寅逢名標國子望著成均

〡三 時真数定命合四个毋

〡〤 夘逢望著成鈞通經奪席

〡〥 父母在堂未時第六刻生

〡〦 数定兄弟六人内失一丁合第八刻生

〡〧 数定命有六子子時上四刻生

〡〨 時真数定命合一生帶疾帶難勉

〡〩 数定兄弟八人内失六丁合第三刻生

廿 時真数定戌逢毋命魂歸陰府

〡一 数定命有二子申時下四刻生

〡〢 数定命帶天空結子煞宜禳之

〡〣 卯子数定申逢孝服之悲

〡〤 母死父在堂卯時第七刻生

〡〥 時真数定命合不智不愚也

〡〦 数定命註兄弟六人合第八刻生

〡〧 時真数定兄弟十人內失四丁

〡〨 勇冠三軍李克用挖獨目之眼

〡〩 目今有四子後湊一兒

早
卅 母先死父後亡亥時第五刻生

川一 父母在堂酉時第一刻生

川仁 時真數定未逢有孝服臨門

川仨 辰逢名登國子儒林祭酒

川乂 時真數定酉逢母故斯逢

川㐅 時真數定缺耳父母生成

川上 華容道上逢關羽赤壁江中遇周郎

川亡 時真數定母命巳亥生

川仨 數定兄弟十人內失五丁合第七刻生

川攵 數定命有五子亥時下四刻生

㐅十 數定兄弟十人內失七丁合第一刻生

〤〡 数定命有二子申時上四刻生

〤〢 巳逢名標國手三世國師

〤〣 戌時第一刻父母在堂

〤〤 時真数定夫妻有碍早子难居

〤〥 鳥宿林中防暗箭魚遊大海怕長鉤

〤〦 時真数定兄弟九人内失四丁

〤〧 数定兄弟十人内失五丁合第八刻生

〤〨 邵子数定時真命合三个母

〤〩 流年 孤舟逢巨海枯木遇冰霜

仁千

〥十 父先死母後亡未時第八刻生

糾　午途名登國學廣文博士

刹　時真數定兄弟八人内失四丁

紃　未途名標國學望著成均

紋　父母在堂戌時第二刻生

絲　莫道喜鵲簷前噪只恐烏鴉屋後鳴

紅　數定命有五子亥時上四刻生

紅　數定命註兄弟六人合第七刻生

絓　數定申途母命歸陰府

紋　數定兄弟八人内失六丁合第一刻生

卄　數定午途有孝服之悲

〡〡 數定命有二子未時下四刻生

〡〢 父母俱亡丑時第八刻生

〡〣 申途五經掃地國季文稱

〡〤 時真數定命合一妻一妾

〡〥 途中走馬須防阱野外飛禽可彎

〡〦 時真數定母命戊寅生

〡〧 數定兄弟十人內失三丁合第四刻生

〡〨 數定命有兩母庶母生我

〡〩 今日未見子後有四兒

午 〢十 父母在堂申時第四刻生

引　酉逢通經奪席國子之稱

圳　時真數定兄弟七人内失四丁

圳　母死父在堂卯時第八刻生

坟　亥逢望著成均三世國師

垎　數定時真命合重妻

圵　正好登樓覩皓月無端却被黑雲遮

坵　時真數定父命辛酉生

垃　數定命註兄弟十三人合第八刻生

坟　數定命有五子戌時下四刻生

圹　數定兄弟十二人内失六丁合第四刻生

〣〡 ○數定命有二子未時上四刻生

〣〢 戊途國子之稱儒林祭酒

〣〣 母死父在堂巳時苐二刻生

〣〤 ○數定系凡之子必異其生

〣〥 ○雲鎖嬋娟秋寂寞風吹桃李夜凋零

〣〦 ○時真數定未途母故斯途

〣〧 ○數定兄弟六人內失二丁合苐二刻生

〣〨 ○時真數定父死母出嫁

〣〩 身上有暗痣非是破格人

〤〸 父先死母後亡未時苐七刻生

文丨 父母俱亡丑時第五刻生

刘 時真數定只恐無根秀不成

刘 甲乙逢鹿鳴賦宴載嘉賓

文川 時真數定午逢母命难逃

㚫 馬瘦力微任重誰知蜀道似羊腸

社 時真數定巳逢有居喪之日

社 母死父在堂辰時第五刻生

姓 數定兄弟六人内失丁合第六刻生

效 數定妻遲今未娶晚子一枝

早

一 ○ 時真數定夫長五十春

二 ○ 數定此子無根难養成人

三 ○ 丙丁途逕青雲欣有步雁塔喜題名

四 ○ 數定命有二子午時下四刻生

五 ○ 破屋還遭連夜雨行船只怕對頭風

六 ○ 父母在堂子時第四刻生

七 ○ 數定兄弟九人內失五丁合第三刻生

八 ○ 數定命有前母後母生我

九 ○ 數定兄弟十一人內失十丁合第八刻生

三千

十 ○ 時真數定母命乙酉生

〡一　庚辛逢志遂凌雲登名黃榜

〡二　時真數定妻配庚申生

〡三　戊己逢蟾宮折桂鴈塔題名

〡〤　數定長逢有孝服臨門

〡〥　父母在堂午時第三刻生

〡〦　木雖若虎當門之雖不傷人只一驚

〡〧　數定命有五子戌時上四刻生

〡〨　數定兄弟六人內失一丁合第七刻生

〡〩　時真數定巳逢母故斯逢

廿　數定兄弟十一人內失十丁合第二刻生

〢〦 数定命有二子午時上四刻生

〢〧 壬癸鵬程奮志騰雲路雁塔題名結杏紅

〢〨 母死父在堂巳時第四刻生

〢〩 時真数定生平惟推測难通

〣〇 可恨濃雲迷皎月無端猛雨損嬌花

〣〡 時真数定夫長四十九春

〣〢 数定兄弟十一人内失三丁合第八刻生

〣〣 数定命有後母前母生我

〣〤 不讀詩書還有頂戴

〢十 〣〥 父先死母後亡未時第六刻生

〣〡　雲橫秦嶺家何在雪擁藍關馬不前

〣〦　數定命有五子酉時下八刻生

〣〦〣　巳亥逢青雲得路鄉榜題名

〣〤　母死父在堂長時第六刻生

〣〥　時真數定外逢有孝服之悲

〣〦〡　數定命註兄弟二人合第八刻生

〣〦〢　時真數定夫長四十八春

〣〦〣　時真數定命合妻配己未生

〣〤〥　時真數定命合生成十一指

〤〸　數定兄弟十二人內失十丁合第三刻生

〤〡 数定命有二子巳時下四刻生

〤〢 母死父在堂巳時第三刻生

〤〣 子午途足步雲梯名題雁塔

〤〤 時真数定命合丙毋下四刻生

〤〥 孔明有心祈北斗魏延無意滅壽灯

〤〦 数定長途毋命有岵屺之悲

〤〧 数定兄弟九人內失四丁合第五刻生

〤〨 数定玉人金石可勉刑傷

〤〩 意欲高宗心懷進步

〥十（〢十） 母先死父後亡戌時第八刻生

〥〡　母命猪兔手合第八刻生

〥〢　数定遲妻今未娶子有两枝

〥〣　丑未遲直上青雲生羽翼縱横逸氣走風雷

〥〤　時真数定父命庚申生

〥〥　父母在堂未時第二刻生

〥〦　父母在堂申時第一刻生

〥〢　時直数定夫長四十七春

〥〣　数定兄弟四人内失二丁合第四刻生

〥〤　時真数定寅遂斯遂居喪

〹　数定命註我母遭槍打而亡

〦〡 数定命有二子巳時上四刻生

〦〢 寅申姓名題雁塔足步上青天

〦〣 時真数定邪途母故斯途

〦〤 蜻蜓飛入蜘蛛網若不傷身亦一驚

〦〥 時真数定命合两母上四刻生

〦〦 数定兄弟十人内失三丁合第五刻生

〦〧 母死父在堂長時第七刻生

〦〨 数定命合有十二指出世

〦〩 雖是女子半似男人

〢〸 時真数定兄弟六人内失四丁

〥〡　毋死父在堂長時第八刻生

〥〢　卯酉逢青雲得路雁塔題名

〥〢　数定命有五子酉時上四刻生

〥〤　鏡臺塵掩光明少方許重磨僭新

〥〩　時真数定命合父命己未生

〥〦　数定命註兄弟九人合第三刻生

〥〧　時真数定胎應過月所生

〥〨　時真数定夫長四十六春

〥〤　時真数定丑逢蓼莪之嘆

〥〸

〣〡 数定命有二子長時下四刻生

〣〢 母死父在堂午時第一刻生

〣〣 長戌途名題雁塔足步青雲

〣〤 数定命合重妻子育一枝

〣〥 夜雨來時屋漏苦狂風不動惱心

〣〦 時真数定命合長子庚寅生

〣〧 数定兄弟八人内失五丁合第七刻生

〣〨 邵子数定時真命合重母

〣〩 八月連日生財

〤〸 母先死父後亡戌時第六刻生

刘　甲乙逢金榜題名日皇都得意回、

刈　父先死母後亡未時第五刻生

刘　鴈宿星飛驚彈打馬行險處恐鞭施

双　数定命有五子申時下四刻生

效　丙丁逢提登黃甲春榜題名

𣁽　時真数定命合夫長四十五春

𣁾　数定兄弟十人内失四丁合第三刻生

𣁿　数定命合双生男女男死女成

斌　数定兄弟八人内失六丁合第二刻生

午　母死父在堂巳時第五刻生

一 ○ 数定命有二子長時上四刻生

二 ○ 数定命合子年有孝服臨門

三 ○ 戊巳逢春榜題名瓊林赴宴

四 ○ 時真數定命合長子巳丑生

五 ○ 馬過高山防險阻舟行浪裡怕風波

六 ○ 時真数定命合此子重舌

七 ○ 時真数定寅逢母故斯逢

八 ○ 数定兄弟九人内失五丁合第二刻生

九 ○ 父死母在堂長時第四刻生

三千

十 · 六月財喜齊來

〡一　父母在堂午時第四刻生

〡二　時真數定命合子死屬土年

〡三　庚辛途名題春榜白馬上錦衣回

〡〤　數定命有二子卯時上四刻生

〡〥　時真數定落地停帶有準

〡〦　正好登山遊玩月忽遭險雨阻前程

〡〧　數定丑途母命有岵屺之悲

〡〨　數定兄弟八人內失五丁合第八刻生

〡〩　數定命有五子申時上四刻生

〹　數定兄弟十人內失六丁合第三刻生

〢一 数定命有二子卯時下四刻生

〢二 辛酉途利市襤衫拋紫袍風流字寫紅箋

〢三 父死母在堂巳時第一刻生

〢〤 数定命合停啼數日以後發聲

〢〥 堂前高掛蜘蛛網唧咐蜻蜓仔細飛

〢〦 時真数定兄弟五人內失四丁

〢〧 数定兄弟九人內失五丁合第一刻生

〢〨 時真数定命合双生兄弟俱貴

〢〩 命中有暗箭無祭難養成

卅 時真数定命合長子戊子生

〣一　父母在堂未時第一刻生

〣二　子午廷早折蟾宮桂今簪御苑花

〣三　數定命有五子未時下四刻生

〣〤　丑未廷姓名爭魁龍虎榜文章奪錦鳳凰池

〣〥　時真數定命合長子丁亥生

〣〦　此運休貪他人馬流限恐失自家牛

〣〧　數定時真命合重妻三兒

〣〨　數定兄弟九人內失一丁合第三刻生

〣〩　母先死父後亡戌時第七刻生

〤〸　數定兄弟十二人內失七丁合第四刻生

〤〡 数定命註双胎陽成陰死

〤〢 寅申逢雲龍風虎喜提聯登

〤〣 時真数定子逆母命难逃

〤〤 時真数定房中有寡婦在内

〤〥 石崇有意謀金屋諸葛無心棄草廬

〤〦 数定命有二子寅時下四刻生

〤〧 数定兄弟四人内失三丁合第八刻生

〤〨 父母在堂未時第五刻生

〤〩 数定命合兄弟十人内失三丁

〣千

〥〸 身上有暗痣將來大富人

〥〡　父母在堂辰時第七刻生

〥〢　卯酉逢提登黃甲瓊林佳會

〥〣　数定命有二子寅時上四刻生

〥〤　千江有水千江月萬里無雲一色天

〥〥　時真数定命合子死屬火年

〥〦　父母俱亡丑時第六刻生

〥〧　邵子数定時真身中有暗記

〥〨　数定命註兄弟九人合第四刻生

〥〩　時真數定癸逢母命歸魂陰府

〦十　数定命註我母遭逢勞傷見血而亡

〡〣千

〢〡 時真數定若有重妻子有二枝

〢〢 辰戌逢天子重英豪文章教以曹

〢〣 時真數定兄弟九人內失三丁

〢〤 父死母在堂巳時第二刻生

〢〥 對鏡梳粧人不語停梭心內意良人

〢〦 數定命有五子未時上四刻生

〢〧 時真數定根基堅固保養成丁

〢〨 今日未見子後育三兒

〢〩 時真數定命合長子丙戌生

〣十 妻非申酉戌难全到老

〦〡　時真数定子午逢身遊泮水

〦〢　時真数定壬逢逢母故斯逢

〦〣　巳亥逢此日初登第皇都得意回

〦〤　父死母在堂巳時第三刻生

〦〥　時真数定命合子死属水年

〦〦　数定兄弟五人内失三丁合第五刻生

〦〧　時真数定命合夭長四十四春

〦〨　数定兄弟十人内失四丁合第八刻生

〦〩　時真数定命合重妻子有四枝

〧十　数定五年内必損妻

〣千

〣〡 ○父母在堂午時第七刻生

〣〢 時真数定丑未逢採芹遊泮

〣〣 数定命有二子丑時下四刻生

〣〤 畫虎不驚墻下大竹鷄雉報五更天

〣〥 ○時真数定格合命有四乳

〣〦 時真数定命合長子甲申生

〣〧 ○数定兄弟九人內失四丁合第六刻生

〣〨 命合一双玉臂千人枕半点朱唇万客嘗

〣〩 五月合月祥光

〤十 ○父母俱亡丑時第七刻生

一 ○ 父母在堂丑時第二刻生

二 数定命合前妻六子後妻二兒

三 ○ 数定命遭毒蛇口咬而亡

四 時真数定命合妻配小一春

五 ○ 休貪餓虎身边肉莫取眠龍咼珠

六 数定命註四煞四昏煞時煞而亡

七 ○ 父母在堂丑時第一刻生

八 数定兄弟十二人内失三亇合第四刻生

九 数定命合妻遲屬土子朴三枝

卒 十 二月生財大道

〡一 母先死父後亡申時第五刻生

〡二 時真數定辰戌逢泮水生香

〡三 時真數定命合四子一子是螟蛉

〡〤 魚游淺水湏防獺鳥宿深山只怕蛇

〡〥 時真數定命合妻長六春

〡〦 逢事三思不耕不讀悞終身

〡〧 數定命註兄弟十四人合第二刻生

〡〨 數定命合妻死屬金命中三子

〡〩 數定兄弟十三人內失二丁合第六刻生

廿 父母在堂丑時第三刻生

〢一 数定命合前妻六子後妻一兒

〢二 数定一生慷慨忠厚傳家吉

〢三 接天蓮葉無窮碧映日荷花別樣紅

〢〤 時直数定命合父命甲寅生

〢〥 数定兄弟十二人内失三丁合第五刻生

〢〦 時真数定命合羊刑之症亡

〢〧 時直数定命合妻配小七春

〢〨 九月大驚爲小恐

〢〩 数定分度陰陽界差池見後天

辛 卅 父母在堂丑時第四刻生

〢一 母死父在堂亥時第五刻生

〢〧 数定命合三子一子是螟蛉

〢〨 時真数定丑未逢青雲有路

〢〤 数定桃花滚浪女妓之流

〢〥 母命々 鼠龍合第八刻生

〢〦 時真数定命註母命丁未生

〢〧 数定命註兄弟十三人合第七刻生

〢〨 数定命合夫妻與緣隨別人

〢〩 妻非未申戌难全到老

〤十 父母在堂巳時第三刻生

〤〡 時真數定巳亥延身遊泮水

〤〢 母死父在堂丑時第六刻生

〤〣 子午印綬相隨官高極品

〤〤 數定命合前妻五子後妻十一兒

〤〥 山前山後皆明月江北江南總是春

〤〦 時真數定命合妻長五春

〤〧 數定兄弟十二內失五丁合第二刻生

〤〨 時真數定命註先女後娶

〤〩 勞勞碌碌渡流年已得安閒日又斜

〥〸 父母俱亡辰時第六刻生

時真數定命合兄弟八人

父先死母後亡寅時第四刻生

時真數定寅申逐蟾宮折桂

數定命合二子一子是螟蛉

五色祥雲生小舍一團和氣繞家庭

數定志節有丹心同金石之性

數定兄弟四人內失二丁合第五刻生

時真數定命合母命丙午生

數定兄弟十二人內失七丁合第三刻生

數定命合一生豪傑為人誼重

〢〡　数定命合前妻五子後妻十兒

〢〢　母死父在堂子時第五刻生

〢〣　時真数定卯酉廷瀛州独步

〢〤　数定命合一半為男一半為女

〢〥　不意之中生彩鳳無心之處倍光輝

〢〦　時真数定命合妻配丁巳生

〢〧　数定兄弟六人内失二丁合第一刻生

〢〩　数定命合步戊止齊百夫之長

〢〩　謹守三從之訓名可播傳

〤千
〦〸　母先死父後亡申時第六刻生

〣〡 数定命合兄弟多不得〻得七人

〣〢 父先死母後亡寅時第三刻生

〣〣 時真数定長成從鴈塔題名

〣〤 数定時真命合東敢于齊

〣〥 数定命合一生忠厚言直人多反怪

〣〦 秦瓊賣馬逢良冬下庄打虎遇強人

〣〧 時真数定命合父命癸丑生

〣〨 数定命註兄弟七人合第四刻生

〣〩 数定命合冰霜節操壼範堪誇

〣〸 数定兄弟十人内失七丁合第二刻生

彡〡 數定命合前妻五子後妻九兒

彡〢 母死父在堂子時第六刻生

彡〣 木牛難飲三春草紙馬難行萬里途

彡〤 時直數定巳亥逢春榜題名

彡〥 時直數定命合妻長四春

彡〦 三月黄花開得地九秋金菊正當時

彡〧 時直數定命合作千夫之長

彡〨 平日交遊當忤友益君少處損君多

彡〩 母先死父後亡申時第七刻生

阝午
文十 數定兄弟二五人内失三丁合第二六刻生

〩〡 ○ 時直数定命合兄弟七人

〩〢 父先死毋後亡長時第八刻生

〩〣 数定已入仙臺去灵魂至九泉

〩〤 時真数定子午逢春榜題名

〩〥 時真数定命合目下必定損子

〩〦 ○ 数定命註兄弟七人合第二刻生

〩〧 数定命註心益正直待人不足

〩〨 時真数定命合母命乙巳生

〩〩 数定兄弟十人内失七丁合第八刻生

〡〥千 数定命註高人欽仰小輩妒嫉

一●数定命合前妻五子後妻八兒

二○父母在堂丑時第五刻生

三○時直數定丑未逢提登黃甲

四●時直其數定命合妻長三春

五○三春楊柳枝枝秀二月桃花朶朶鮮

六○数定命註外家無靠六親零落

七　正月未敢言佳

八●母死父在堂子時第七刻生

九○數定兄弟六人内失三丁合第七刻生

第十○交遊訪友命註恩則反仇

〡 ○時真數定夘酉逢春榜題名

〢 數定命註兄弟多不得只得七人

〣 時真數定寅申逢瓊林賜宴

〤 ○父母在堂丑時第六刻生

〥 母命豬兔羊合第七刻生

〦 數定苦心連老生子老蚌自明珠

〧 數定命註兄弟十二人合第二刻生

〨 時真數定命合母命甲辰生

〩 數定五年內必損子

〸 ○魂歸陰府總幾載已入仙堂有數年

心一堂術數古籍珍本叢刊　星命類　神數系列　一三六

乂　数定命合前妻…………六兒

刈　母死父在堂亥時第四刻生

刈　時真数定巳亥逢春榜題名

双　数定壽元廿二一歲一夢入黃泉

炆　花遇暘春增秀色人逢美景更精神

灶　時真数定命合母命癸卯生

灱　数定兄弟八人内失四丁合第三刻生

炷　数定壽元廿四三歲魂歸陰府

奴　前妻二子後妻無兒

廿　母先死父後亡甲時第八刻生

〥〡 数定命合兄弟多不得只得五人

〥〢 母死父在堂亥時第七刻生

〥〣 丙子覌光好遂風雲志若登公施露雨膏

〥〤 時真数定命裡帶長神宜是顛人

〥〥 母命猴鼠龍合第七刻生

〥〦 数定命註才疏誼重為人無私

〥〧 時直数定命合妻配甲寅生

〥〨 数定命註兄弟七人合第三刻生

〥〩 数定命註三十五歲後會佳期

〦〸 数定兄弟十二人內失八丁合第五刻生

〢〡 母死父在堂亥時第八刻生

〢〢 庚辛遙窓前讀書高崔門釣巨鰲

〢〣 時真數定命合兄弟五人

〢〤 乘京北京南京勳業藜元引領望旌

〢〥 數定命有七子午時上四刻生

〢〦 數定兄弟四人內失一丁合第五刻生

〢〧 時真數定命合父命庚戌生

〢〨 數定兄弟八人內失二丁合第一刻生

〢〩 數定時真命合過房子奉暮年

〣〸

18千

〣〡 数定命合前妻五子後妻四兒

〣〢 時真数定子午途享而優則仕

〣〣 母死父在堂丑時第七刻生

〣〤 数定壽元廿八七歲夢入南柯

〣〥 数定兄弟十三人内失三丁合第七刻生

〣〦 時真数命註夫長九春

〣〧 数定命註待人不足將恩反仇

〣〨 数定兄弟四人内失一丁合第六刻生

〣〩 母先死父後亡酉時第六刻生

〤十 正月一事兩得

刘　父母俱亡申時第四刻生

刘　時真数定丑未逺居命丑則仕

刘　予今縮地年脹險且看行空馬足勞

双　時真数定命合妻配癸丑生

文幺　数定命註無心耕讀有心樂遊

文上　数定命註兄弟十四人合第五刻生

文二　数定命註閏年天賜麟兒

文三　母死父在堂丑時第八刻生

斌　幼出閨門承他家為女反作媳

忤　数定命註人多慷慨四海交遊

一 數定命合前妻五子後妻三兒

二 時真數定寅申途斯途出仕

三 時真數定命合妻配小六春

四 人已聰明慧全平手藝精

五 友日奇花開錦繡宵天歌管燦樓臺

六 母死父在堂寅時第五刻生

七 數定兄弟八人內失三丁合第八刻生

八 數定命有七子外時上四刻生

九 命中五母生我五娘

十 時真數定命合母命壬寅生

〡一　母先死父終[illegible]時第七刻生

〡二　時真數定邪曹逢為民之父母

〡三　數定命有七子寅時下四刻生

〡〤　名園桃李花爭吐庭物芝蘭味自香

〡〥　時真數定命合夫長八春

〡〦　數定一生命合貿易經商

〡〧　數定合註兄弟八人合第七刻生

〡〨　數定命註雖然有子儼似無兒

〡〩　數定兄弟八人內失七丁合第八刻生

廿　母死父在堂寅時第六刻生

〣一 時真數定命合兄弟四人

〣二 父先死母後亡辰時第六刻生

〣三 時真數定巳亥進可以仕則仕

〣〤 數定時真命合無子庶子送終

〣〥 數定命註志足灵謀机關深達

〣〦 膝下麒麟兼彩鳳分明才子兩相宜

〣〧 時真數定命合母命辛丑生

〣〨 數定兄弟八人内失二丁合第三刻生

〣〩 數定命註四十五歲外絕咏關雎

〤十

〤〡　數定命合前妻五子後妻一兒

〤〢　甲乙途數定入仕雍旌旗載道

〤〣　父母在堂寅時第七刻生

〤〤　數定命註為人一世心田好心輕

〤〥　困龍得雨騰霄漢猛虎乘風展爪牙

〤〦　時真數定命註妻長七春

〤〧　數定兄弟九人內失三丁合第一刻生

〤〨　數定命有七子寅時上四刻生

〤〩　命有三母生我前大娘

〥十　父母俱亡申時第三刻生

〥〡 桃李芳菲

〥〢 数定命合兄弟多不得只得三人

〥〣 丙丁廷治邑鳴琴官居陞城

〥〤 父母在堂寅時苐八刻生

〥〥 数定命註螟蛉子蜾蠃負之

〥〦 数定命註兄弟九人合苐五刻生

〥〧 数定命註心田留子孫後福綿長

〥〨 時真数定命合妻配壬子生

〥〩 数定兄弟十二人內失十一丁合苐二刻生

〦十 遠則人人相敬近則个个相欺

幺〡　桃李芳到

幺〢　数定命合兄弟多系不得只得三人

幺〣　丙丁庭治邑鳴琴官居陞城

幺〤　父母在堂寅時第八刻生

幺〥　数定命註螟蛉子蜾蠃負之

幺〦　数定命註兄弟九人合第五刻生

幺〧　数定命註心田留子孫後福綿長

幺〨　時真数定命合妻配壬子生

幺〨　数定兄弟十二人内失十丁合第二刻生

〢十　遠則人人相敬近則个个相欺

〢〡 数定命合前妻四子後妻十兒

〢〢 嫩花不禁三月雨柔枝正吐几葩花

〢〣 数定命有七子丑時下四刻生

〢〤 父死母在堂丑時第三刻生

〢〥 時直数定命合非耕非讀

〢〦 数定兄弟七人内失四丁合第五刻生

〢〧 時直数定命註母先死父肖虎

〢〨 数定命註祖業不得白手成家

〢〩 三月主有破財

午

〣〸 父母俱亡長時第五刻生

〢〡 母先死父後亡[illegible]亥生

〢〢 数定命註人有心田必有後福

〢〣 肯向芸窗勤書史何愁金榜不標名

〢〤 時真数定命合母命庚子生

〢〥 数定命合出祖商業自成家業

〢〦 龍門跳出千層浪月桂高攀第一枝

〢〧 数定命有七子丑時上四刻生

〢〨 数定兄弟十二人內失十丁合第一刻生

〢〩 時真数定命中兄弟三人

〣〸 父死母在堂丑時第四刻生

訁丨 時直数定命遭跌死而亡

訁刂 母出嫁兄弟十二人内失十一丁

訓 時真数定命合妻配小五春

訁乂 時真数定命遭食毒草而亡

詒 数定兄弟八人内失四丁合第四刻生

訁上 時真数定命註母先死父肖鼠

訁二 父先死母在堂寅時第二刻生

訁三 数定命註沐雨梳風半世奔波

訁文 兄弟一人多者必尅

峰

対 数定命註前妻四子後妻

刘　数定命註兄弟多不得只得二人

刘　父先死母後亡長時第五刻生

奴　母出嫁兄弟十一人内失十丁

始　時真数定命合無男倚女

红　数定兄弟八人内失二丁合第三刻生

社　数定命合出祖離鄉近貴人

於　時真数定命合妻配辛亥生

效　時真数定命該他鄉而亡

宰　数定兄弟十一人内失九丁合第十二刻生

一 ○ 数定命註前妻四子後妻八兒

二 ○ 母出嫁兄弟十二人內失九丁

三 ● 数定命有七子 子時上四刻生

四 ○ 数定一妻难到老二妻到暮年

五 ○ 父死母在堂寅時第一刻生

六 ● 数定時真命合母先死父肖牛

七 ○ 数定兄弟九人內失三丁合第二刻生

八 ● 数定二妻难到老三妻到暮年

九 四月事多得利

忏

十 ○ 父母俱亡酉時第二刻生

〡一　数定命註魚水明求才書畫覓

〡〢　庚辛逕弦歌雅化榮高陞

〡〣　父先死母後亡邪時第八刻生

〡〤　妻命虎馬犬合第二刻生

〡〥　時真数定命合妻配出酉春

〡〦　時真数定命遭中風之数

〡〧　数定兄弟九人内失二丁合第一刻生

〡〨　時真数定命合妻配庚戌生

〡〩　数定兄弟八人内失七丁合第七刻生

廿　数定命註出祖離鄉多人愛

〢〡 數定命註前妻五子後妻七兒

〢〢 壬癸運榮仕登仕指日高陞

〢〣 母死父在堂寅時第八刻生

〢〤 時真數定命合三献遲後福

〢〥 母出嫁兄弟十二人內失九丁

〢〦 時真數定命註父先死母肖猪

〢〧 數定兄弟十三人內失三丁合第八刻生

〢〨 數定命有六子亥時下四刻生

〢〩 能知四德之才賢堪膺著

宇

卅 時真數定命合母命己亥生

〣一 数定命該自己出世在外洋

〣二 父死母在堂寅時第三刻生

〣三 子午延治民扶社稷之功

〣〤 数定命有六子未時下四刻生

〣〥 長子命猪兔羊合第六刻生

〣〦 時直数定命合母命戊戌生

〣二 数定兄弟九人內失一丁合第五刻生

〣三 時直数定命合左妻右妾

〣〤 数定兄弟十人內失九丁合第一刻生

〤〸 母先死父後亡戌時第五刻生

〤〡 数定命合前妻四子後妻六兒

〤〢 丑未逆印綬逢官早沾雨露

〤〣 時真数定命合妻配小三旬

〤〤 母出嫁兄弟十人内失九丁

〤〥 数定三妻四妻不到老五妻到暮年

〤〦 妻非午未申难全到老

〤〧 母死父在堂卯時第五刻生

〤〨 時真数定命合六親不得力

〤〩 数定命註兄弟十二人合第一

〥十 時真数定命合兄

〥〡　時真數定命註前亡

〥〡　寅申逆弦歌雅化指日高

〥〢　時真數定命合母命丁酉生

〥〤　妻命豬兔羊合第二刻生

〥〥　數定命有六子長時上四刻生

〥〦　數定兄弟七人內失一丁合第一刻生

〥〧　時真數定命合配妻小二春

〥〨　數定命合惟勤惟儉創業守成

〥〩

〢十　母死父在堂外時第六刻生

〥〡 ● 時真數定命有六子二子送終

〥〢 父先死母在堂長時第五刻生

〥〣 妻命虎馬犬合第六刻生

〥〤 ○ 數定四妻五妻不到老六妻到暮年

〥〥 母出嫁兄弟十一人內失八丁

〥〦 時真數定命註兄弟受司馬牛

〥〧 十月洋洋得意

〥〨 ● 時真數定命遭凶人手下而亡

〥〩 數定兄弟六人內失三丁合第八刻生

〦十 時真數定命合父命戊申生

〨千

〢〡　父先死母後亡酉時第三刻生

〢〢　申遲步到崎嶇方知不易行

〢〣　時真數定兄弟一人多不得力

〢〤　長子命猪兔羊合第五刻生

〢〥　數定命有五子丑時上四刻生

〢〦　母出嫁兄弟十人內失八丁

〢〧　時真數定命合父命丁未生

〢〨　數定兄弟十人內失三丁合第六刻生

〢〩　數定命註金石首婚定魁

〣〸　數定兄弟十人內失九丁合第八刻生

〦千

〣〡 数定命有五子二子送終

〣〢 長子命猪兔羊合第四刻生

〣〣 父先死母後亡酉時第二刻生

〣〤 未逢秋深蛩語弄春暮子規啼

〣〥 母出嫁兄弟九人内失八丁

〣〦 数命註前夫無子後夫四兒

〣〧 命有三母生我二娘

〣〨 時真数定命註重妻也

〣〩 数定兄弟七人内失三丁合第一刻生

〤十 父母俱亡申時第二刻生

文〡　父先死母後亡申時第四刻生

文〢　数定命合兄弟胎数定居第十

文〣　酉逢船到長江處狂風浪不平

文〤　長子命猴鼠龍合第六刻生

文〥　数定命有五子子時下四刻生

文〦　母出嫁兄弟十二人內失七丁

文〧　時真数定命註父命丙午生

文〨　数定兄弟十人內失二丁合第七刻生

文〩　数定命註迅雷風烈数遭此厄

字

一◎数定命中四子送終二兒

二●父死母在堂長時第六刻生

三◎妻命猴鼠龍合第三刻生

四　数定一妻又一妻命中註定三个妻

五　母出嫁兄弟十一人内失六丁

六◎数定命註前夫無子後夫三兒

七　数定兄弟十人内失九丁合第七刻生

八　数定命註大数終于高樹下

九◎数定兄弟七人内失三丁合第二刻生

三千

十　母先死父後亡寅時第七刻生

〡一　妻命猪兔羊合第八刻生

〡二　数定命註兄弟胎数定居九

〡三　母出嫁兄弟十人内失七丁

〡〤　父母在堂未時第四刻生

〡〥　数定兄弟六人内失四丁合第一刻生

〡〦　数定命有五子子時上四刻生

〡〧　長子命猴鼠龍合第七刻生

〡〨　戌延秋月濃雲蔽朦朧樹影遮

〡〩　時真数定命合夫命甲子生

廿

一 ○ 數定命有八子送老無兒

二 ○ 母死父在堂酉時第四刻生

三 ○ 母出嫁兄弟七人內失六丁

四 ○ 時直數定命註目下夫故斯逢

五 ○ 數定兄弟七人內失四丁合第七刻生

六 ○ 數定辛逢事齊乎事楚乎

七 ○ 時直數定命合父命甲長生

八 口是心非平生忠厚

九 ○ 庚逢數定月暗轅門迴霜高

降

十 父母俱亡未時第四刻生

〡一 父死母在堂午時第七刻生

〡二 時真数定兄弟胎数定居四

〡三 命註洞房雙喜鵲玉桃两翠鴛鴦

〡〤 数定命有四子酉時下四刻生

〡〥 癸途長江揺不足棲鴻屡相驚

〡〦 父命勇官三軍李克用抱独具一眼

〡〧 時真数定命合母命庚申生

〡〨 数定命註兄弟十人合第七刻生

〡〩 時真数定命註重妻也

廿 数定兄弟 六丙失七丁合第二刻生

〢一 ○ 数定命中七子送老無兒

〢二 ○ 母先死父後亡寅時第五刻生

〢三 ○ 妻命蛇鷄牛合第二刻生

〢〤 ○ 時直数定命註招夫上門之命

〢〥 分生六子尅三留三

〢〦 ○ 数定命註前妻無子後妻六兒

〢〧 ○ 母出嫁兄弟十二人内失五丁

〢〨 ○ 時直数定命註招夫養子

〢〩 ○ 数定兄弟十二人内失四丁合第一刻生

坙 卅 父母在堂申時第二刻生

〣一 夫命虎馬犬合第八刻生

〣二 数定命註兄弟胎数定居三

〣三 父先死母在堂未時第三刻生

〣〤 時直數定子逢喜怒哀樂

〣〥 数定命註母命缺耳之疾

〣〦 数定命有四子酉時上四刻生

〣〧 数定兄弟十一人合內失二丁合第五刻生

〣〨 数定命註八字金石刑夫再嫁

〣〩 数定兄弟十人內失八丁合第二刻生

〤〸 父母俱亡午時第六刻生

四十

〤〡	母出嫁兄弟十二人內失五丁
〤〢	數定命註前妻無子後妻五兒
〤〣	數定兄弟六人內失五丁合第二刻生
〤〤	丑逢雨浸苑花垂淚風搖寒潭水皺眉
〤〥	時直數定命有六子送老無兒
〤〦	堂前本日親聞女怨父嫁我作填房
〤〧	父先死母後亡未時第四刻生
〤〨	時直數定命註落水而亡
〤〩	妻命猴鼠龍合第七刻生
〥十	時直數定命合父命已亥生

數定命合兄弟胎數定居二

父先死母後亡申時第一刻生

時真數定命遭天劫而亡

母出嫁兄弟十人內先五丁

數定命有四子申時下四刻生

數定兄弟十二人內先三丁合第六刻生

數定外逐如水益深如火益熱

時真數定命合母命已未生

數定兄弟十人內先八丁合第五刻生

時真數定寅逐癸必逮夭身

〢〡 数定命有五子送老無兒

〢〢 父母在堂外時第三刻生

〢〣 妻命猴鼠龍合第八刻生

〢〤 時真数定命註桃折李合局

〢〥 母出嫁兄弟九人内失五丁

〢〦 父母在堂未時第三刻生

〢〧 数定兄弟十二人内失四丁合第二刻生

〢〨 数定一夫不到老二夫會佳期

〢〩 今生七子尅四留三

牢

〣十 時真数定命合夫長十三春

〢〡　時真數定命合母[illegible]戊午生

〢〣　妻命猪兒羊合第七刻生

〢〣　時真數定命合子乃缺口之疾

〢〤　父母在堂卯時第四刻生

〢〨　數定此是楊州之子不成人

〢〦　數定母命壹生註擘胼之疾

〢〧　時真數定命合兄弟定居長

〢〧　數定兄弟十二人內失二丁合第一刻生

〢〩　數定命有四子申時上四刻生

訓　母先死父後亡丑時第八刻生

訓　妻命猪兎羊合第三刻生

詠　数定二夫不到老三夫到暮年

詒　母出嫁兄弟八人內失五丁

訌　時直数定命註夫長十四春

訖　数定兄弟七人內失五丁合第三刻生

詿　数定命註子遭毒蛇咬而亡

詖　作事

除千
对　父母在堂辰時廿八刻生

占筮類			
1	擲地金聲搜精秘訣	心一堂編	沈氏研易樓藏稀見易占秘鈔本
2	卜易拆字秘傳百日通	心一堂編	
3	易占陽宅六十四卦秘斷	心一堂編	火珠林占陽宅風水秘鈔本
星命類			
4	斗數宣微	【民國】王裁珊	民初最重要斗數著述之一；未刪改本
5	斗數觀測錄	【民國】王裁珊	失傳民初斗數重要著作
6	《地星會源》《斗數綱要》合刊	心一堂編	失傳的第三種飛星斗數
7	《斗數秘鈔》《紫微斗數之捷徑》合刊	心一堂編	珍稀「紫微斗數」舊鈔秘本
8	斗數演例	心一堂編	
9	紫微斗數全書（清初刻原本）	題【宋】陳希夷	斗數全書本來面目；有別於錯誤極多的坊本
10－12	鐵板神數（清刻足本）——附秘鈔密碼表	題【宋】邵雍	無錯漏原版　秘鈔密碼表　首次公開！
13－15	蠢子數纏度	題【宋】邵雍	蠢子數連密碼表　打破數百年秘傳　首次公開！
16－19	皇極數	題【宋】邵雍	清鈔孤本附起例及完整密碼表　研究神數必讀！
20－21	邵夫子先天神數	題【宋】邵雍	附手鈔密碼表　研究神數必讀！
22	八刻分經定數（密碼表）	題【宋】邵雍	皇極數另一版本；附手鈔密碼表
23	新命理探原	【民國】袁樹珊	子平命理必讀教科書！
24－25	袁氏命譜	【民國】袁樹珊	
26	韋氏命學講義	【民國】韋千里	民初二大命理家南袁北韋
27	千里命稿	【民國】韋千里	
28	精選命理約言	【民國】韋千里	北韋之命理經典
29	滴天髓闡微——附李雨田命理初學捷徑	【民國】袁樹珊、李雨田	命理經典未刪改足本
30	段氏白話命學綱要	【民國】段方	民初命理經典最淺白易懂
31	命理用神精華	【民國】王心田	學命理者之寶鏡

32	命學探驪集	【民國】張巢雲	發前人所未發　稀見民初子平命理著作
33	澹園命談	【民國】高澹園	
34	算命一讀通——鴻福齊天	【民國】不空居士、覺先居士合纂	
35	子平玄理	【民國】施惕君	
36	星命風水秘傳百日通	心一堂編	
37	命理大四字金前定	題【晉】鬼谷子王詡	源自元代算命術
38	命理斷語義理源深	心一堂編	稀見清代批命斷語及活套
39－40	文武星案	【明】陸位	失傳四百年《張果星宗》姊妹篇　千多星盤命例　研究命學必備
相術類			
41	新相人學講義	【民國】楊叔和	失傳民初白話文相術書
42	手相學淺說	【民國】黃龍	民初中西結合手相學經典
43	大清相法	心一堂編	重現失傳經典相書
44	相法易知	心一堂編	
45	相法秘傳百日通	心一堂編	
堪輿類			
46	靈城精義箋	【清】沈竹礽	沈氏玄空遺珍　玄空風水必讀
47	地理辨正抉要	【清】沈竹礽	
48	《玄空古義四種通釋》《地理疑義答問》合刊	沈瓞民	
49	《沈氏玄空吹虀室雜存》《玄空捷訣》合刊	【民國】申聽禪	
50	漢鏡齋堪輿小識	【民國】查國珍、沈瓞民	
51	堪輿一覽	【清】孫竹田	失傳已久的無常派玄空經典
52	章仲山挨星秘訣（修定版）	【清】章仲山	章仲山無常派玄空珍秘　門內秘本首次公開
53	臨穴指南	【清】章仲山	沈竹礽等大師尋覓一生未得之珍本！
54	章仲山宅案附無常派玄空秘要	心一堂編	
55	地理辨正補	【清】朱小鶴	玄空六派蘇州派代表作
56	陽宅覺元氏新書	【清】元祝垚	簡易·有效·神驗之玄空陽宅法
57	地學鐵骨秘　附　吳師青藏命理大易數	【民國】吳師青	釋玄空廣東派地學之秘
58－61	四秘全書十二種（清刻原本）	【清】尹一勺	玄空湘楚派經典本來面目　有別於錯誤極多的坊本

62	地理辨正補註　附 元空秘旨　天元五歌　玄空精髓　心法秘訣等數種合刊	【民國】胡仲言	貫通易理、巒頭、三元、三合、天星、中醫
63	地理辨正自解	【清】李思白	公開玄空家「分率尺、工部尺、量天尺」之秘
64	許氏地理辨正釋義	【民國】許錦灝	民國易學名家黃元炳力薦
65	地理辨正天玉經內傳要訣圖解	【清】程懷榮	秘訣一語道破，圖文并茂
66	謝氏地理書	【民國】謝復	玄空體用兼備、深入淺出
67	論山水元運易理斷驗、三元氣運說附紫白訣等五種合刊	【宋】吳景鸞等	失傳古本《玄空秘旨》《紫白訣》
68	星卦奧義圖訣	【清】施安仁	三元玄空門內秘笈　清鈔孤本 過去均為必須守秘不能公開秘密 與今天流行飛星法不同
69	三元地學秘傳	【清】何文源	
70	三元玄空挨星四十八局圖說	心一堂編	
71	三元挨星秘訣仙傳	心一堂編	
72	三元地理正傳	心一堂編	
73	三元天心正運	心一堂編	
74	元空紫白陽宅秘旨	心一堂編	
75	玄空挨星秘圖　附　堪輿指迷	心一堂編	
76	姚氏地理辨正圖說　附　地理九星并挨星真訣全圖　秘傳河圖精義等數種合刊	【清】姚文田等	蓮池心法　玄空六法 門內秘鈔本首次公開
77	元空法鑑批點本——附　法鑑口授訣要、秘傳玄空三鑑奧義匯鈔　合刊	【清】曾懷玉等	
78	元空法鑑心法	【清】曾懷玉等	
79	曾懷玉增批蔣徒傳天玉經補註【新修訂版原（彩）色本】	【清】項木林、曾懷玉	
80	地理學新義	【民國】俞仁宇撰	揭開連城派風水之秘
81	地理辨正揭隱（足本）　附連城派秘鈔口訣	【民國】王邈達	
82	趙連城傳地理秘訣附雪庵和尚字字金	【明】趙連城	
83	趙連城秘傳楊公地理真訣	【明】趙連城	
84	地理法門全書	仗溪子、芝罘子	巒頭風水，內容簡核、深入淺出
85	地理方外別傳	【清】熙齋上人	巒頭形勢、「望氣」「鑑神」
86	地理輯要	【清】余鵬	集地理經典之精要
87	地理秘珍	【清】錫九氏	巒頭、三合天星，圖文並茂
88	《羅經舉要》附《附三合天機秘訣》	【清】賈長吉	清鈔孤本羅經、三合訣法圖解
89-90	嚴陵張九儀增釋地理琢玉斧巒	【清】張九儀	清初三合風水名家張九儀經典清刻原本！

91	地學形勢摘要	心一堂編	形家秘鈔珍本
92	《平洋地理入門》《巒頭圖解》合刊	【清】盧崇台	平洋水法、形家秘本
93	《鑒水極玄經》《秘授水法》合刊	【唐】司馬頭陀、【清】鮑湘襟	千古之秘，不可妄傳匪人
94	平洋地理闡秘	心一堂編	雲間三元平洋形法秘鈔珍本
95	地經圖說	【清】余九皋	形勢理氣、精繪圖文
96	司馬頭陀地鉗	【唐】司馬頭陀	流傳極稀《地鉗》
97	欽天監地理醒世切要辨論	【清】欽天監	公開清代皇室御用風水真本
三式類			
98-99	大六壬尋源二種	【清】張純照	六壬入門、占課指南
100	六壬教科六壬鑰	【民國】蔣問天	由淺入深，首尾悉備
101	壬課總訣	心一堂編	過去術家不外傳的珍稀六壬術秘鈔本
102	六壬秘斷	心一堂編	
103	大六壬類闡	心一堂編	
104	六壬秘笈——韋千里占卜講義	【民國】韋千里	六壬入門必備
105	壬學述古	【民國】曹仁麟	依法占之，「無不神驗」
106	奇門揭要	心一堂編	集「法奇門」、「術奇門」精要
107	奇門行軍要略	【清】劉文瀾	條理清晰、簡明易用
108	奇門大宗直旨	劉毗	天下孤本 首次公開
109	奇門三奇干支神應	馮繼明	虛白廬藏本《秘藏遁甲天機》
110	奇門仙機	題【漢】張子房	奇門不傳之秘 應驗如神
111	奇門心法秘纂	題【漢】韓信（淮陰侯）	
112	奇門廬中闡秘	題【三國】諸葛武侯註	
選擇類			
113-114	儀度六壬選日要訣	【清】張九儀	清初三合風水名家張九儀擇日秘傳
115	天元選擇辨正	【清】一園主人	釋蔣大鴻天元選擇法
其他類			
116	述卜筮星相學	【民國】袁樹珊	民初二大命理家南袁北韋
117-120	中國歷代卜人傳	【民國】袁樹珊	南袁之術數經典

占筮類			
121	卜易指南（二種）	【清】張孝宜	民國經典，補《增删卜易》之不足
122	未來先知秘術——文王神課	【民國】張了凡	內容淺白、言簡意賅、條理分明
星命類			
123	人的運氣	汪季高（雙桐館主）	五六十年香港報章專欄結集！
124	命理尋源	【民國】徐樂吾	民國三大子平命理家徐樂吾必讀經典！
125	訂正滴天髓徵義		
126	滴天髓補註　附　子平一得		
127	窮通寶鑑評註　附　增補月談賦　四書子平		
128	古今名人命鑑		
129-130	紫微斗數捷覽（明刊孤本）［原（彩）色本］　附　點校本　（上）（下）	馮一、心一堂術數古籍整理編校小組　整理	明刊孤本　首次公開！
131	命學金聲	【民國】黃雲樵	民國名人八字、六壬奇門推命
132	命數叢譚	【民國】張雲溪	子平斗數共通、百多民國名人命例
133	定命錄	【民國】張一蟠	民國名人八十三命例詳細生平
134	《子平命術要訣》《知命篇》合刊	【民國】鄒文耀、【民國】胡仲言　撰	《子平命術要訣》科學命理；《知命篇》易理皇極、命理地理、奇門六壬互通
135	科學方式命理學	閻德潤博士	匯通八字、中醫、科學原理！
136	八字提要	韋千里	民國三大子平命理家韋千里必讀經典！
137	子平實驗錄	【民國】孟耐園	作者四十多年經驗　占卜奇靈　名震全國！
138	民國偉人星命錄	【民國】囂囂子	幾乎包括所民初總統及國務總理八字！
139	千里命鈔	韋千里	失傳民初三大命理家-韋千里　代表作
140	斗數命理新篇	張開卷	現代流行的「紫微斗數」內容及形式上深受本書影響
141	哲理電氣命數學——子平部	【民國】彭仕勛	命局按三等九級格局、不同術數互通借用
142	《人鑑——命理存驗・命理擷要》（原版足本）附《林庚白家傳》	【民國】林庚白	傳統子平學修正及革新、大量名人名例
143	《命學苑苑刊——新命》（第一集）附《名造評案》《名造類編》等	【民國】林庚白、張一蟠等撰	史上首個以「唯物史觀」來革新子平命學結集
相術類			
144	中西相人探原	【民國】袁樹珊	按人生百歲，所行部位，分類詳載
145	新相術	【美國】李拉克福原著、【民國】沈有乾編譯	通過觀察人的面相身形、色澤舉止等，得知性情、能力、習慣、優缺點等
146	骨相學	【民國】風萍生編著	結合醫學中生理及心理學，影響近代西、日、中相術深遠
147	人心觀破術　附運命與天稟	【日本】管原如庵、加藤孤雁原著，【民國】唐真如譯	觀破人心、運命與天稟的奧妙

148	《人相學之新研究》《看相偶述》合刊	盧毅安	集中外大成，無不奇驗；影響近代香港相術名著
149	冰鑑集	【民國】碧湖鷗客	各家相法精華、相術捷徑、圖文並茂附名人照片
150	《現代人相百面觀》《相人新法》合刊	【民國】吳道子輯	失傳民初相學經典二種　重現人間！
151	性相論	【民國】余晉龢	民初北平公安局專論相學與犯罪專著（犯罪學生物學派）
152	《相法講義》《相理秘旨》合刊	韋千里、孟瘦梅	命理學大家韋千里經典、傳統相術秘籍精華
153	《掌形哲學》附《世界名人掌形》《小傳》	【民國】余萍客	圖文并茂、附歐美名人掌形圖及生平簡介
154	觀察術	【民國】吳貴長	可補充傳統相術之不足
堪輿類			
155	羅經消納正宗	【明】沈昇撰、【明】史自成、丁孟章合纂	失傳四庫存目珍稀風水古籍
156	風水正原	【清】余天藻	●積德為求地之本，形家必讀！
157	安溪地話（風水正原二集）		●純宗形家，與清代欽天監地理風水主張大致相同
158	《蔣子挨星圖》附《玉鑰匙》	傳【清】蔣大鴻等	窺知無常派章仲山一脈真傳奧秘
159	樓宇寶鑑	吳師青	陽宅風水必讀、現代城市樓宇風水看法改革
160	《香港山脈形勢論》《如何應用日景羅經》合刊		香港風水山脈形勢專著
161	三元真諦稿本——讀地理辨正指南	【民國】王元極	被譽為蔣大鴻、章仲山後第一人 內容直接了當，盡揭三元玄空家之秘
162	三元陽宅萃篇		
163	王元極增批地理冰海 附批點原本地理冰海	【清】高守中 【民國】王元極	
164	地理辨正發微	【清】唐南雅	極之清楚明白，披肝露膽
165-167	增廣沈氏玄空學 附 仲山宅斷秘繪稿本三種、自得齋地理叢說稿鈔本（上）（中）（下）	【清】沈竹礽	玄空必讀經典！附《仲山宅斷》幾種鈔本及批點本，畫龍點晴、披肝露膽，道中刊印本未點破的秘訣
168-169	巒頭指迷（上）（下）	【清】尹貞夫原著、【民國】何廷珊增訂、批注	圖文并茂：龍、砂、穴、水、星辰九十九變 洩漏天機：蔣大鴻、賴布衣挨星秘訣及用法
170-171	三元地理真傳（兩種）（上）（下）	【清】趙文鳴	蔣大鴻嫡派真傳張仲馨一脈二十種家傳秘本、宅墓案例三十八圖，並附天星擇日
172	三元宅墓圖 附 家傳秘冊		
173	宅運撮要	【民國】尤惜陰（演本法師）、榮柏雲	撮三集《宅運新案》之精要
174	章仲山秘傳玄空斷驗筆記 附 章仲山斷宅圖註	【清】章仲山傳、【清】唐鷺亭纂	無常派玄空不外傳秘中秘！二宅實例有斷驗及改造內容
175	汪氏地理辨正發微 附 地理辨正真本	【清】蔣大鴻、姜垚原著、【清】汪云吾發微	蔣大鴻嫡派張仲馨一脈三元理、法、訣具體泄露
176	蔣大鴻家傳歸厚錄汪氏圖解	【清】蔣大鴻、【清】汪云吾圖解	三百年來最佳《地理辨正》註解！石破天驚！
177	蔣大鴻嫡傳三元地理秘書十一種批注	【清】蔣大鴻原著、【清】汪云吾、【清】劉樂山註	

178	《星氣(卦)通義(蔣大鴻秘本四十八局圖并打劫法)》《天驚秘訣》合刊	題【清】蔣大鴻 著	江西興國真傳三元風水秘本
179	蔣大鴻嫡傳天心相宅秘訣全圖附陽宅指南等秘書五種	【清】蔣大鴻編訂、【清】汪云吾、劉樂山註	蔣大鴻徒張仲馨秘傳陽宅風水「教科書」!
180	家傳三元地理秘書十三種		真天宮之秘 千金不易之寶
181	章仲山門內秘傳《堪輿奇書》附《天心正運》	【清】章仲山傳、【清】華湛恩	直洩無常派章仲山玄空風水不傳之秘
182	《挨星金口訣》、《王元極增批補圖七十二葬法訂本》合刊	[民國]王元極	秘中秘——玄空挨星真訣公開!字字千金!
183-184	《家傳三元古今名墓圖集附謝氏水鉗》《蔣氏三元名墓圖集》合刊(上)(下)	(清)孫景堂,劉樂山,張稼夫	蔣大鴻嫡傳風水宅案、幕講師、蔣大鴻、姜垚等名家多個實例,破禁公開!
185-186	《山洋指迷》足本兩種 附《尋龍歌》(上)(下)	【明】周景一	風水巒頭形家必讀《山洋指迷》足本!
187-196	蔣大鴻嫡傳水龍經注解 附 虛白廬藏珍本水龍經四種(1-10)	【清】蔣大鴻編訂、【清】楊臥雲、汪云吾、劉樂山註	蔣大鴻嫡傳一脈授徒秘笈 希世之寶 千年以來,師師相授之秘旨,破禁公開! 完整了解蔣氏嫡派真傳一脈三元理、法、訣! 附已知最古《水龍經》鈔本等五種稀見《水龍經》
197	批注地理辨正直解	【清】章仲山	無常派玄空必讀經典未刪改本!
198	《天元五歌闡義》附《元空秘旨》(清刻原本)		
199	心眼指要(清刻原本)		
200	華氏天心正運	【清】華湛恩	
201-202	批注地理辨正再辨直解合編(上)(下)	【清】蔣大鴻原著、【清】姚銘三再註、【清】章仲山直解	失傳姚銘三玄空經典重現人間!名家:沈竹礽、王元極推薦!
203	章仲山注《玄機賦》《元空秘旨》附《口訣中秘訣》《因象求義》等九種合刊	【清】章仲山	近三百年來首次公開! 章仲山無常派玄空秘密,和盤托出! 章仲山注《玄機賦》及章仲山原傳之口訣及筆記
204	章仲山門內真傳《三元九運挨星篇》《運用篇》《挨星定局篇》《口訣篇》等合刊	【清】章仲山、柯遠峰等	
205	章仲山門內真傳《大玄空秘圖訣》《天驚訣》《飛星要訣》《九星斷略》《得益錄》等合刊	【清】章仲山、冬園子等	
206	撼龍經真義	吳師青註	近代香港名家吳師青必讀經典
207	章仲山嫡傳《翻卦挨星圖》《秘鈔元空秘旨》 附《秘鈔天元五歌闡義》	【清】章仲山傳、【清】王介如輯撰	透露章仲山家傳玄空嫡傳學習次弟及關鍵不傳之秘
208	章仲山嫡傳秘鈔《秘圖》《節錄心眼指要》合刊		
209	《談氏三元地理大玄空實驗》附《談養吾秘稿奇門占驗》	【民國】談養吾撰	史上首次公開「無常派」下卦起星等挨星秘密之書
210	《談氏三元地理濟世淺言》附《打開一條生路》		了解談氏入世的易學卦德爻象思想
211-215	《地理辨正集註》附 《六法金鎖秘》《巒頭指迷真詮》《作法雜綴》等(1-5)	【清】尋緣居士	集《地理辨正》一百零八家註解大成精華 匯巒頭及蔣氏、六法、無常、湘楚等秘本 史上最大篇幅的《地理辨正》註解
216	三元大玄空地理二宅實驗(足本修正版)	【民國】尤惜陰(演本法師)、榮柏雲撰	三元玄空無常派必讀經典足本修正版

217	蔣徒呂相烈傳《幕講度針》附《元空秘斷》《陰陽法竅》《挨星作用》	【清】呂相烈	蔣大鴻門人呂相烈三元秘本三百年來首次破禁公開！
218	挨星撮要(蔣徒呂相烈傳)		
219-221	《沈氏玄空挨星圖》《沈註章仲山宅斷未定稿》《沈氏玄空學(四卷原本)》合刊(上中下)	【清】沈竹礽　等	揭開沈氏玄空挨星五行吉凶斷的變化及不同用法 章仲山宅斷未刪本、沈氏玄空學原本佚文、玄空挨星圖稿鈔本　大公開！
222	地理穿透真傳(虛白廬藏清初刻原本)	【清】張九儀	三合天星家宗師張九儀畢生地學精華結集
223-224	地理元合會通二種(上)(下)	【清】姚炳奎	分發兩家(三元、三合)之秘，會通其用 詳解注羅盤(蔣盤、賴盤)；義理、斷驗俱精
其他類			
225	天運占星學　附　商業周期、股市粹言	吳師青	天星預測股市，神準經典
226	易元會運	馬翰如	《皇極經世》配卦以推演世運與國運
三式類			
227	大六壬指南(清初木刻五卷足本)		六壬學占驗課案必讀經典海內善本
228-229	甲遁真授秘集(批注本)(上)(下)	【清】薛鳳祚	明清皇家欽天監秘傳奇門遁甲 奇門、易經、皇極經世結合經典
230	奇門詮正	【民國】曹仁麟	簡易、明白、實用，無師自通！
231	大六壬探源	【民國】袁樹珊	民初三大命理家袁樹珊研究六壬四十餘年代表作
232	遁甲釋要	【民國】徐昂	推衍遁甲、易學、洛書九宮大義！
233	《六壬卦課》《河洛數釋》《演玄》合刊		疏理六壬、河洛數、太玄隱義！
234	六壬指南(【民國】黃企喬)	【民國】　黃企喬	失傳經典　大量實例
選擇類			
235	王元極校補天元選擇辨正	原【清】謝少暉輯、【民國】王元極校補	三元地理天星選日必讀
236	王元極選擇辨真全書　附　秘鈔風水選擇訣	【民國】王元極	王元極天昌館選擇之要旨
237	蔣大鴻嫡傳天星選擇秘書注解三種	【清】蔣大鴻編訂、【清】楊臥雲、汪云吾、劉樂山註	蔣大鴻陰陽二宅天星擇日日課案例！
238	增補選吉探源	【民國】袁樹珊	按表檢查，按圖索驥：　簡易、實用！
239	《八風考略》《九宮撰略》《九宮考辨》合刊	沈瓞民	會通沈氏玄空飛星立極、配卦深義
其他類			
240	《中國原子哲學》附《易世》《易命》	馬翰如	國運、世運的推演及預言